우리교회에

딱(!)

맞는 토요학교

우리교회에 딱(!) 맞는 토요학교

· 초판 1쇄 발행 2014년 12월 5일

· 지은이 배태훈
· 펴낸이 민상기 · 편집장 이숙희 · 펴낸곳 도서출판 드림북
· 등록번호 제 65 호 · 등록일자 2002. 11. 25.
· 경기도 의정부시 가능1동 639-2(1층) · Tel (02)2272-9090, Fax(031)829-7723

· 책번호 70
· 잘못된 책은 교환해 드립니다.
· 이 출판물은 저작권법에 의해 보호를 받는 저작물이므로 무단 복제할 수 없습니다.
· 독자의 의견을 기다립니다.
· E-mail : saehan21@hanmail.nett

우리교회에
딱(!)
맞는 토요학교

배태훈 지음

추천사

교회교육이 활성화되어 있는 교회의 공통된 특징이 있다. 그것은 활발한 토요학교 모임이 있다는 것이다. 이 책은 바로 교회교육의 새로운 장인 토요학교의 모든 것을 담고 있다. 직접 저자가 토요학교 현장을 발로 뛰며 쓴 글들이다. 그래서 생동감 있고 구체적이며 실제적이다. 교회교육은 주일 아침 분반공부만으로는 불충분하다. 토요학교를 의미 있게 운영할 수 있다면 전체 교회교육은 생기를 얻게 될 것이다. 이 책을 읽으면 토요학교에 대한 새로운 그림을 그릴 수 있게 되며, 바로 시작하고픈 열망을 느끼게 될 것이다. 이 책을 통해 교회마다 건강한 토요학교들이 세워질 수 있기를 기대한다. 교회교육을 담당하고 있는 교역자들은 물론 모든 교회학교 교사들에게 이 책의 일독을 권하고 싶다.

박 상 진
장로회신학대학교 기독교교육과 교수

목 차

2부 토요학교, 이 프로그램을 활용하라

부록 교회학교 성장을 위한 토요학교 세미나(자료집)

서문

다음세대인 교회학교는 교회의 미래인가?

지난 2006년 교육과학기술부에서 주5일 수업제를 시행하기에 앞서 먼저 월 2회 주5일 수업제를 실시한다고 발표했다. 이때부터 사설학원에서는 발 빠르게 주5일 수업제에 맞춰 대책을 마련했다. 이와 발맞춰 교계에서도 주5일제에 따른 대책을 마련해야 한다는 주장이 여기저기서 나왔지만, 대책이 필요하다는 말뿐 구체적인 대책을 제시하는 곳이 그리 많지 않았다. 사설 학원은 주말반 프로그램을 신설했고, 이 때문에 교회학교를 오지 않는 아이들이 늘었다. 다음세대인 교회학교가 교회의 미래라고 말을 하지만, 정작 교회에서 교회학교에 대한 투자는 미흡하다. 그래서 사회보다 뒤떨어지고, 아이들에게 교회학교는 외면당하고 있다.

2014년 7월 21일 대한예수교장로회(통합)에서 발표한 자료에 따르면 교회학교가 얼마나 심각한 상태인지 잘 알려주고 있다. "전체 8,383개 교회(통합측) 중 중고등부가 없는 교회가 48%, 중등부가 없는 교회가 47%, 아동부 고학년(4-6) 부서가 없는 교회가 43%, 저학년(1-3) 부서가 없는 교회가 47%, 유치부가 없는 교회가 51%, 유아부가 없는 교회가 77.4%, 그리고 영아부가 없는 교회가 78.5%로 나타났다"고 발표했다. 교회의 구성원도 피라미드 형태의 균형 잡힌 교회보다 원통형 구조가 많고, 심지어 역삼각형 구조의 교회들도 생각보다 많다. 갈수록 교회에서 아이들을 찾아보기 힘들게 됐다.

하지만 사회변화에 민감하게 반응하고, 지속적인 연구와 투자를 한 교회는 오히려 많은 아이들이 학원이 아닌 교회를 찾았고, 이와 더불어 교회학교가 부흥했다. 2006년부터 교회학교가 꾸준히 성장한 교회를 살펴보면 대부분 교회에서 '토요학교'를 개설해서 교회학교 학생뿐만 아니라 믿지 않는 아이들까지 교회에 올 수 있도록 했다. 이렇게 찾아온 아이들이 교회에 호감을 가지고 자연스럽게 교회학교까지 참여해서 토요학교를 통해 교회학교가 부흥했다.

교육과학기술부에서 2012년 주5일 수업제를 전면 실시하자 사설 학원들은 주말반 프로그램을 대폭 늘리고, 대대적인 홍보를 했다. 토요일마다 어떻게 해야할 지 모르는 많은 부모들은 아이들을 학원으로 보냈다. 지금 한국교회는 주5일 근무제와 주5일 수업제로 교회학교는 물론 장년의 주일성수까지 걱정하고 있는 실정이다. 그래서 뒤늦게 토요 프로그램을 준비하고 있는 교회가 많다. 이런 현상을 고려해서 '목회자신문사'에서는 2012년 7월부터 5개월에 걸쳐서 교육 특집으로 '다음세대를 위한 토요학교'를 연재했다. '다음세대를 위한 토요학교'에서 토요학교로 교회학교 성장과 함께 교회 성장을 이룬 교회, 의미 있는 토요학교 프로그램을 진행하는 교회를 8곳

소개했고, 교회에서 토요학교로 도입할 수 있는 프로그램도 8곳 소개했다. 그 해 11월에는 '우리교회에 딱 맞는 토요학교' 라는 주제로 토요학교 세미나도 개최했다.

이 책은 지난 2012년 7월부터 5개월 동안 목회자신문사를 통해 연재된 글들을 모았다. 토요학교를 준비하는 교회, 토요학교를 시작했지만 어떻게 해야 할지 모르는 교회, 토요학교로 잘 정착하고 더 성장하기 원하는 교회 등 토요학교와 관련된 교회라면 모두에게 필요한 내용이 담겨 있다. 취재를 하면서 만났던 담임 목회자뿐만 아니라 토요학교 지도자들에게는 공통적으로 통하는 점들이 있었다. 공통점을 10가지로 모아 '토요학교를 위한 10가지 TIP' 으로 정리했다.

이 책이 나오기까지 많은 도움을 주신 분들이 있다. 목회자신문사 사장이신 김철종 목사님과 직원들에게 감사드린다. 소신껏 취재할 수 있도록 허락해주셨고, 취재한 글을 단행본으로 낼 수 있도록 허락해주셨다. 나를 위해 늘 기도해주시는 분들과 가족들에게 감사의 마음을 전한다. 또한 책을 출판해 주신 드림북 민상기사장님께 감사를 전한다. 다음세대인 교회학교는 우리 교회의 미래다. 이 책을 통해 많은 교회가 '자신의 교회에 딱 맞는 토요학교' 를 할 수 있었으면 좋겠다. 또한 토요학교를 통해 교회학교가 성장해 가길 기대하고, 교회의 미래를 책임지기 바란다.

2014년 11월

배태훈

1부

우리교회는
이렇게 토요학교를 한다

Chapter 1

한강교회

10년 후가 더 기대되는 교회

서울 용산구 이촌동 한강교회(예장 통합, 최낙규 담임목사)는 토요일마다 아이들의 세상이다. 체험학교, 오감베이비학교, 난타학교, 야구학교 등 다양한 토요학교 프로그램에 참여하기 위해 모인 아이들로 가득하다. 교회학교에 다니는 아이들이 반, 교회를 다니지 않는 아이들이 반이다.

주5일제 수업을 기회로

한강교회는 주변에 대형 교회를 비롯해서 중형 교회들이 많이 있고, 아파트 단지 안쪽에 위치해 있다. 그래서 한강교회가 그곳에 있다는 사실을 모르는 지역 주민들이 많았다. 이런 이유 때문에 최낙규 목사는 '지역에 가장 도움을 줄 수 있는 교회'를 교회의 모토로 삼았다.

2006년 월 2회 주5일 수업제의 소식이 발표되고 최 목사는 환호성을 질렀다. 왜냐하면 주5일 수업제는 지역에 한강교회를 알릴 수 있는 큰 기회였기 때문이었다. 많은 목회자들이 주5일제 때문에 교회에서 성도들이 많이 빠져나갈 것이라고 말했지만, 최 목사는 토요일에는 가족과 함께, 주일에는 거룩하게 예배를 드릴 수 있는 프로그램을 생각했다. 그리고 곧바로 2006년에 체험학교로 토요학교를 시작했다.

지역의 필요를 찾아 시작한 체험학교

한강교회가 위치한 이촌동은 아파트 단지이기 때문에 가가호호 방문하면서 전도하기가 힘들다. 특히 외부인 출입을 엄격히 제한하는 곳이기 때문에 더 힘들다. 찾아가는 것이 힘들다면 찾아오도록 해야 했다. 한강교회는 아이들이 교회로 찾아올 수 있도록 토요학교를 열었다. 최 목사는 토요학교를 시작하면서 많은 생각을 했다고 한다.

"이곳은 학업과 관련된 것은 다른 지역보다 월등하기 때문에 교회에서 이와 관련된 프로그램을 하면 100%로 실패하고 맙니다. 그래서 이 지역 아이들의 니즈(needs)를 찾아 체험학교로 토요학교를 시작했습니다. 1시간에서 1시간 30분 정도 소요되는 위치에 있는 가장 좋은 곳, 안전한 곳, 인성을 함양(涵養)할 수 있는 곳을 정해서 좋은 프로그램을 도입했습니다. 그렇게 교회학교를 다니는 아이들 15명, 교회를 다니지 않는 아이들 15명, 봉사자 10명, 총 40명이 움직였습니다. 비용은 교회에서 50%, 참여하는 아이들이 50%로 해결했습니다. 교회가 재정적으로 힘들고 봉사자들도 힘들었지만, 지역에 체험학교가 좋다는 소문이 나자 지원자들이 몰려 왔습니다."

그 후에 교회에서는 연령별로 알맞는 프로그램을 개발했다. 중학생은 역사탐방, 6~7세 유치원생들은 실내 수영장, 초등학교 1~2학년생은 치즈체험 등 다양한 프로그램이 만들었다. 토요일에는 즐겁게 놀고, 학습에도 도움이 되는 것을 하면서 매주 교회로 대형버스가 2~3대씩 들어왔다. 지금 체험학교로 토요일에 100여명이 움직이고 있다.

교회와의 접촉점인 토요학교

최낙규 목사는 교회에서 토요학교가 꼭 필요하다고 말한다.

"아이들을 다 학원에 뺏기면 아이들이 교회를 접할 기회가 없습니

다. 7세까지의 자존감이 평생의 행복을 좌우한다고 합니다. 이 말을
다른 말로 표현하자면 신앙교육은 어리면 어릴수록 좋다는 것입니
다. 그래서 교회는 어린이에게 집중해야 합니다. 그 아이들이 우리
교회의 일꾼입니다. 지금 우리교회에는 토요학교 뿐만 아니라 주중
학교 프로그램도 하고 있습니다. 많은 재정을 교회학교와 주중학교,
토요학교에 지원하고 있습니다. 그래서 아이들이 교회로 찾아오도
록 합니다. 지금 주중학교와 토요학교를 통해 믿지 않은 아이들이
교회학교에 오고, 그 중에서 약 30% 정도의 부모들이 교회에 등록
을 합니다. 요즘 부모들은 아이들이 가는 곳이라면 어디든지 따라갑
니다. 그래서 아이들을 통해서 부모들이 교회에 찾는 횟수가 늘어납
니다. 그리고 자연스럽게 교회에 호감을 가지게 되고 아이와 함께
교회에 등록을 합니다."

이렇게 꾸준히 토요학교를 진행하면서 한강교회는 폭발적인 교회
성장을 이루었다. 6년 동안 교회학교가 2배로 성장했다. 장년과 비
율이 약 1:1이다.

토요학교는 어린이와 교회의 접촉점이다. 관계를 맺는 중요한 공
간이다. 하나의 프로그램으로 아이와 관계를 맺고, 부모와 관계를
맺는다. 생각해보라. 전도지를 들고 하루 종일 전도를 해서 관계를
맺는 확률이 얼마나 적은가? 하지만, 토요학교는 제 발로 찾아와 교
회와 관계를 맺는다. 그런 의미에서 토요학교는 전도를 위한 전단계

이다.

시스템의 변화

토요학교를 시작하면서 한강교회의 교회학교는 시스템의 변화가 일어났다. 먼저, 교육전도사 대신 전임전도사와 준전임전도사를 초빙했다. 평일에도 프로그램을 진행해야 했기 때문이다. 두 번째는 부서별 연령을 재조정했다. 학교시스템에 맞춰 교회학교에서 진급을 하다 보니 중간에 적응을 하지 못하는 학생들이 많았기 때문이다. 이렇게 변화를 주자 교회학교의 출석률이 현저히 높아졌고, 매년 15~20% 정도 성장하고 있다.

현재 토요학교는 야구학교, 체험학교, 오감베이비학교, 아기학교, 난타학교, 성품학교 등이 있다. 최낙규 목사는 토요학교를 시작하면서 많은 프로그램을 하지 말라고 말한다. 다른 곳에서는 할 수 없는 차별성이 있고, 경쟁력이 있는 프로그램을 한다면 토요학교를 정착시킬 수 있다.

토요학교를 위해 투자하라

"한강교회를 생각하면 앞으로 10년 후가 더 기대됩니다. 세 살 버

릇이 여든까지 간다고 어린이들이 토요학교를 통해서 교회에서 교육을 받고 교회를 떠나지만 않아도 토요학교는 성공입니다. 지금 이 아이들이 10년 후가 되면 토요학교를 위해 봉사자가 될 것입니다. 생각해보세요. 10년 후 교회의 기둥이 될 아주 소중한 인재들입니다. 요즘 국가에서나 사회에서는 인재를 양성하기 위해서 장기간 계획을 세우고 엄청난 재정을 후원합니다. 교회에서도 교회학교와 토요학교를 위해 5% 정도의 예산만 늘려서 투자해도 달라질 것입니다. 교회 예산이 힘들다면 토요학교를 위한 기금마련을 해서라도 꼭 투자해야 합니다."

아이들을 향한 끊임없는 투자 때문에 한강교회는 지역 주민들에게 신뢰의 관계를 맺어서 주변의 동사무소와 초등학교, 중학교, 고등학교와 협력 사업들까지 이끌었다. 이 모든 것을 가능하게 한 것이 아이들을 사랑하는 마음으로 시작한 토요학교다. 최낙규 목사는 작은 교회라도 지역과 함께 한다면 토요학교를 정착시킬 수 있다고 전한다. 토요학교로 끊임없이 성장하는 한강교회! 10년 후 지금의 아이들이 한강교회의 튼튼한 기둥이 되는 모습을 기대한다.

토요학교를 위한 *Tip*

1. 충분한 준비 작업을 하라.

주변에서 토요학교를 한다고 충분한 준비 과정 없이 시작하면 착오가 생기게 된다. 그렇기 때문에 충분한 준비 작업을 해야 한다.

2. 서두르지 말라.

첫술가락에 배부를 수 없는 것처럼 토요학교를 단기간에 정착시키려고 하지 말라. 1~2명이라도 교회학교 아이들로 시작하라. 한강교회에서는 토요학교가 정착되는데 2년의 시간이 걸렸다.

3. 끊임없는 투자를 하라.

토요학교는 1회성의 프로그램이 아니다. 장기적인 프로그램이다. 그래서 끊임없이 투자를 해야 한다. 한강교회에서는 토요학교를 위해 끊임없이 투자를 하고 있다.

4. 차별성 있는 프로그램을 개발하라.

문화센터나 학교처럼 많은 프로그램을 할 필요는 없다. 차별화 된 프로그램 하나만 있어도 된다. 좋은 프로그램을 만드는 데에 힘을 쏟아라.

Chapter • 2

수원성교회

지역의 필요를 채우기 위해 힘쓰라

교육은 단기간에 이루어지지 않는다.
지속적으로 믿고 기다리는 인내가 필요하다.

2005년 매주 토요일 연극교실부터 시작한 수원성교회(안광수 담임목사) 토요학교는 매학기 교실이 하나씩 늘어 지금은 자원봉사센터를 설립해서 정부기관과 연계하여 영향력 있는 토요학교를 실행하고 있다. 교회뿐만 아니라 지역사회와 함께하는 토요학교는 교회에 다니는 학생뿐만 아니라 교회를 전혀 다니지 않는 학생들에게도 소문이 났다.

교회학교 교사들의 불만으로 시작

수원성교회 토요학교의 시작은 교회학교 교사들의 불만(?)에서
시작됐다. 교인들 중 대부분이 교회차량을 이용해서 교회에 오기 때
문에 교회학교는 교회차량시간에 맞춰 움직일 수밖에 없었다. 이런
이유 때문에 교회학교는 주일예배를 포함해서 1시간 10분 정도의
시간밖에 없었다. 예배드리기도 부족한 시간인데 어떻게 제대로 된
신앙교육을 할 수 있겠는가? 교회학교 교사들은 아이들에게 제대로
된 신앙교육을 위해 시간이 필요하다고 했다. 이런 의견을 반영해서
시간과 장소 확보가 자유로운 토요일을 이용해서 토요학교가 시작
됐다.

수원성교회 토요학교는 주5일 수업제가 도입되기 전인 2005년부
터 매주 토요일에 진행했다. 오전에는 학교에 가고 오후 시간에 모
여 2~3시간 정도 프로그램을 운영했다. 지금은 토요학교가 조직적
으로 운영되고 있지만, 처음에는 아주 작게 시작했다. 처음 시작한
연극교실은 교회 내에 연극과 관련된 일을 하고 있는 성도가 있어서
그분을 강사로 작게 시작했다. 이후 다음 학기에 축구를 지도할 수
있는 성도가 자원해서 축구교실을 열었다. 이렇게 교회 성도 중 은

사가 있는 분들을 토요학교 강사로 초빙해서 강좌를 늘렸다. 이후에 전문성을 필요로 하는 교실을 열 경우에는 먼저 봉사자를 뽑고 전문 기관에서 교육을 받도록 지원했다. 교육을 받은 봉사자는 토요학교 강좌를 열었다.

수원성교회 조용선 교육목사는 토요학교의 장점에 대해서 다음 과 같이 말한다.

"토요학교는 시간적으로나 장소적으로 주일 교육보다 낫습니다. 예전에는 주일 오후에 성도들이 교회에 다 있었기 때문에 오후에 교회학교 활동 프로그램을 했습니다. 그런데 요즘은 오전 예배가 끝나면 대부분 교회를 떠나기 바쁩니다. 덩달아 교회학교 학생들도 오전시간이 아니면 교회에 있지 않았습니다. 그래서 교회학교에서 는 주일 오전에 모든 것을 진행하려고 하기 때문에 시간도 부족하 고 제한된 공간 때문에 힘듭니다. 이런 이유 때문에 장소도 시간도 여유로운 토요일에 신앙교육과 활동을 하는 것이 유리합니다."

따분한 곳에서 재미있는 곳으로

아이들에게 주일 교회학교는 바쁘고 따분한 곳이다. 부모와 함께 예배시간에 맞춰서 오자마자 예배를 드린다. 예배가 끝나면 바로 반 별로 모여서 공과를 한다. 공과도 대부분 10~30분이다. 공과가 끝나면 아이들은 부모와 함께 집에 간다. 이런 아이들이 어떻게 친구들에게 교회에 가자고 말할 수 있겠는가? 아이들에게 교회는 즐겁고 재미있는 곳이라는 생각이 들도록 해야 한다. 그래서 토요학교를 처음 시작하는 교회에서는 아이들이 흥미롭게 여기는 것으로 시작하는 것이 좋다. 토요학교를 통해서 교회가 재미있는 곳이라고 알리는 것이 중요하다. 교회가 재미있는 곳이라고 소문이 나면 아이들은 스스로 찾아온다. 처음에 교회학교 아이들로 시작하지만, 교회를 다니지 않는 아이들도 모여든다. 토요학교에 참석한 아이들이 토요학교만 참석하고 주일에 오지 않았지만 시간이 지나면서 교회에 참석하는 아이들이 늘었다.

"토요일에 다양한 프로그램을 하면 아이들이 적극적으로 옵니다. 토요학교는 재미가 있어야 됩니다. 그래야 교회에 다니지 않는 아이들도 올 수 있습니다. 주일예배에 올 수 있도록 하는 것은 힘이 들지만 재미있는 토요 프로그램에 참여할 수 있도록 하는 것은 쉽습니다."

이렇게 재미와 흥미가 있는 토요학교가 정착하게 되면 그 다음에 제자반, 교리반 등 신앙교육 강좌를 시작하는 것이 좋다. 처음부터 신앙교육에 초점을 맞추면 교회학교 아이들만의 공간으로 되기 쉽기 때문이다.

지역의 필요를 채워야

토요학교를 통해 재미와 활동을 체험한 아이들은 교회학교를 역동적으로 움직였다. 그렇게 교회학교가 변해갔다. 교회학교도 8년 동안 700명이 늘어 약 1,500명이 예배를 드린다.

"교회학교가 성장한 것은 요란한 프로그램 때문이 아닙니다. 교사들의 필요와 지역의 필요를 토요학교를 통해서 채우다 보니까 성장한 것입니다. 토요학교의 틀을 세우는 데만 3년 정도 걸렸습니다. 5년 정도 지나자 안정 궤도에 왔습니다. 토요학교는 단기간에 교회학교를 성장시키기 위한 프로그램으로 시작하면 안 됩니다. 지역의 필요를 채워주고 천천히 지역과 함께 가는 것이 중요합니다."

수원성교회 토요학교는 처음 초등학생을 대상으로 시작했다. 연극교실, 축구교실, 어와나, 독서교실을 했다. 그리고 신앙 교육을 계속 만들어 갔고, 지금은 대상을 중고등부까지 확대해서 전인교육, 사회봉사 등 다양한 강좌를 열었다. 현재 초등학교 대상으로는 생태보전체험학교, 하늘나무성품학교, 어린이제자훈련, 4D 창의적교실 등 많은 프로그램이 있다. 청소년 대상으로는 국제청소년성취포상제, 자원봉사학교, 에듀파크, 청소년창의적체험학교, 라이프 코칭 등이 있다. 특히 청소년은 신청자들이 많아서 대기자가 있을 정도다.

주5일 수업제가 시작되면서 청소년들이 주말에도 학원에서 시간을 보낸다. 그런데 수원성교회 토요학교에는 청소년들이 붐빈다. 그 이유는 토요학교 프로그램이 매력적이기 때문이다. 참여 욕구의 프로그램이어야 사람들이 찾아온다. 국제청소년성취포상제, 청소년창의적체험학교는 입학사정관제에 도움이 되기 때문에 인기가 있는 강좌다.

봉사는 개인이 봉사기관에 찾아가서 수요처를 찾기 힘들다. 그래서 교회에서 봉사단체를 법인 등록을 하고 자원봉사학교를 만들었다. 그러자 주변에 있는 청소년과 학부모들의 문의가 쇄도했다. 자원봉사학교는 처음에 봉사점수 때문에 오는데, 계속 봉사를 하는 당위성을 알려주고 함께 봉사할 수 있도록 한다. 그렇게 해서 봉사에 참여하는 청소년이 매주 150명 정도다. 교회를 다니지 않는 아이들이 많이 오는데 교회에서 수용할 인원이 부족해서 제한하고 있다. 에듀파크는 청소년들이 초등학생들을 돌보는 프로그램이다. 맞벌이 자녀들이 토요일에 집에서 방치되는 경우가 많은데, 토요일 오전에 교회에서 아이들을 돌보는 것이다.

"요즘 전도하기가 얼마나 힘듭니까? 교회에서 좋은 프로그램을 준비하고 비그리스도인이 찾아올 수 있도록 하고, 그 프로그램으로 신앙인이 된다면 토요학교는 교회가 집중해야 할 또 하나의 영역입니다."

지속적인 관심을 가져야

토요학교는 교회의 규모가 크지 않아도 할 수 있다. 중요한 것은 헌신된 사람이다. 열정이 있는 교사, 스텝을 찾기 힘들다. 헌신된 사람이 1~2명만 있어도 된다. 작게 시작하면 된다. 다른 교회를 따라 할 필요가 없다. 수원성교회도 작게 시작했고, 분기별로 하나씩 늘려갔다. 그리고 온 교회가 교회학교와 토요학교에 관심을 가져야 한다. 교육은 단기간에 나타나지 않는다. 믿고 기다려줘야 한다. 조용선 목사는 "교회가 사회의 물질주의, 경쟁주의에 물들어 있다"고 말한다.

"요즘 중고등학교 중간시험이나 기말시험 3~4주 전에 청소년부는 출석률이 30%정도 줄어든다고 합니다. 이것은 학부모나 자녀들의 가치관이 비그리스도인과 같다는 것입니다. 이런 가치관이 기독교가치관으로 바뀌어야 합니다. 기독교가치관은 교회학교와 토요학교를 통해 신앙교육, 성품교육 등으로 계속 교육해야 합니다."

9년 동안 지속적으로 지역의 필요를 채우기 위해 토요학교를 성장시킨 수원성교회는 앞으로 교회와 지역이 함께하는 교회가 되기를 소망하고 있다. 이 바람대로 지역을 변화시키는 수원성교회가 되길 기대한다.

1. 세무서 등록

〈교회 자원봉사센터 설립을 위한 세무서 등록 시 필요 서류〉

신청항목 : 법인으로 보는 단체의 사업자 등록

(찾는 방법 : 국세청 홈페이지 – 국세정보 – 왼쪽 세 번째 항목 "사업자 등록 안내" 중 "제출서류 및 교부" 항목 클릭 → 맨 아랫단에 "법인으로 보는 단체의 승인 신청서" 한글 다운로드)

① 법인으로 보는 단체의 승인 신청서 (별첨자료1)

② 정관 또는 조직과 운영에 관한 규정 1부

③ 법인으로 보는 단체의 대표자 등의 선임 신고서

  (대표자 또는 관리인임을 입증할 수 있는 자료)

위의 ①, ③번 항목의 서류는 직접 현장(세무서)에서 받아서 작성하여 제출해도 된다. 다만, 단체장이 대개 담임목사님일 경우 본인이 직접 가시면 바로 가능하지만, 부목사님이나 전도사님들이 가시면 따로 "대리인 사업자 등록신청"을 해야 하는데, 이 경우 위임장을 추가로 작성하기만 하면 된다. 물론 대리인 등록 시, 단체장(담임목사)의 주민등록증과 단체장 도장을 반드시 소지하여 위임장 제출 시, 함께 세무서 담당자에게 제출해야 한다.

②번 항목의 "정관 또는 조직과 운영에 관한 규정 1부" 서류는 '설립 계획안', '내규', '설립 총회 회의록', '설립 회원명단' 등이 있다.

더불어 "교회 자원봉사센터"의 직인을 사각으로 만들어 준비해야 한다. 왜냐하면, 법인으로 보는 단체의 신청서이기 때문에 해당 단체의 직인(사각형직인)을 신청서에 찍어야 하기 때문이다.

이상의 서류와 단체장의 도장, 단체장의 주민등록증, 교회 자원봉사센터 직인 등을 구비하여 교회 지역 관할 세무서에 방문하여 접수하면, 대개 세무서 직원들이 그대로 받아 등록접수증이란 것을 발급해주며 처리예정기간은 특별한 사항이 없으면 일주일 안에 심의가 완료되어 등록될 수 있다고 안내해 준다. 그리고 그 일주일이 지나 다시 한 번 해당 세무서에 방문하게 되면 사업자 고유번호증을 발급받게 된다. 발급 받은 그 시점 이후로, 국가가 인정하는 자원봉사센터의 기능을 발휘할 수 있게 되는 것이다.

2. 시(市) 종합자원봉사센터 수요처 등록

〈시 종합자원봉사센터에 수요처로 등록 시 필요 서류〉

① 자원봉사수요처 신청서

② 단체, 동아리 사업계획서

③ 자원봉사단체 가입신청서

자료 제출 전, 반드시 해당 시 종합자원봉사센터 담당자와 전화통화를 하여 수요처 필요 서류 및 주민등록증, 도장, 기관 직인 구비 여부를 확인한 후 방문해야 한다(시 마다 다를 수도 있기 때문).

수요처로 등록을 마치면, 2주 안에 해당 시 종합자원봉사센터에서 담당자가 직접 교회로 와서 실사를 한다. 교회 내 자원봉사 담당 교역자와 만나서 교회 자원봉사센터가 어떠한 자원봉사활동을 준비하고 있는지 재차 물어보며 자원봉사자 모집과 교육 및 예산 편성에 관한 질문을 하는 경우가 대부분이다. 대개, 봉사활동증명서 남발 방지와 철저한 자원봉사활동이 이루어지기를 당부하며 2시간 이내로 실사를 마치게 된다.

Chapter • 3

의정부교회

좋은 프로그램을 위해 끊임없이 연구해라

담임목사의 확실한 토요학교 철학이 필요하다
전문성을 갖춘 강사를 키우는 데 주력

2007년 3월 경기도 의정부시 용현동에 교회 하나가 개척했다. 가족들로 시작한 작은 교회의 개척에 그 누구도 눈여겨 보지 않았다. 하지만 5년이 지난 지금 이 교회는 장년 400명, 교회학교 150명이 출석하는 교회로 성장했다. 바로 의정부교회(예장합동, 안영남 담임목사)다.

의정부교회를 개척한 안영남 목사는 시작초기부터 교육에 집중했다. 교회학교에 조카 2명밖에 없었지만 안 목사는 낙담하지 않았다. 요즘 부모들은 자신의 자녀들이 잘 되는 것이라면 어느 곳이라도 간다는 특성을 잘 알았기 때문이다. 특히 교육에 관해서는 그리스도인이나 비그리스도인이나 동일했다. 그래서 의정부교회만의 교육 브랜드를 높이기 위해 개척하자마자 토요학교를 시작했다. 의정부교회의 주변은 교육시설이 열악한 곳이기 때문에 다양한 교육을 경험하도록 했다. 개척교회에서 토요학교를 운영하는 것이 힘들었지만 작게 시작했다. 주변 사람들의 의견을 모아서 제일 먼저 체험 프로그램을 했다. 자연체험, 안보체험, 문화예술공연, 지역축제, 놀이공원 등 다양한 장르의 프로그램을 한 달에 1~2번 진행했다.

의정부교회의 브랜드화

안영남 목사는 토요학교는 작은 교회의 이름을 지역 주민들에게 알리기에 좋은 프로그램이라고 말한다. 브랜드가 높은 대기업이 어느 지역이든 가게를 열면 주변에 사는 사람들이 한꺼번에 몰리지만, 이름 없는 작은 가게에는 몰리지 않는다. 교회도 대형 교회는 주변에 알리지 않아도 다 알지만, 작은 교회는 있다는 자체를 모르는 사람들이 많다. 그래서 지역에 우리 교회가 있다는 것을 알리는 것이 중요하다. 안 목사는 토요학교를 의정부교회의 브랜드화에 활용했다. 교회 주변에 의정부교회라는 이름을 알리기 위해 노력했다. 작지만 좋은 교회라는 입소문이 나도록 했다. 개척초기부터 교육과 선교에 재정의 70%를 지원하고 있는 이유다. 지금도 재정이 넉넉하지 않지만 그렇게 하고 있는 이유가 있다. 좋은 프로그램과 전문 강사로 사회의 어떤 프로그램에도 뒤처지지 않게 하기 위함이다. 그래서 처음부터 전문가를 강사로 초빙했다. 헌신자라고 하더라도 그 분양의 전문성을 갖추지 않고 토요학교 강사를 하면 문제가 된다. 대부분 교회에서 토요학교를 하면서 가장 문제가 되는 부분이 바로 강사의 전문성이다. 가르치는 강사가 그 분야에 전문성이 없으면 신뢰를 얻지 못하기 때문이다.

전문성을 갖춰야

개척교회에서 전문성을 갖춘 성도가 얼마나 있겠는가? 그래서 안 목사는 지역에 눈을 돌렸고, 지역의 상권을 활용한 프로그램을 생각했다. 지역 수영센터에서 한 강좌를 교회 이름으로 구입했다. 그리고 강좌의 이름을 '의정부교회 유소년 수영부'로 정하고, 수영센터 전문 수영 강사를 통해 수영을 가르쳤다. 교회 재정으로 수영비의 30%를 지원하고 인원을 모집했다. 싼 가격에 좋은 시설에서 전문 강사에게 교육을 받으니 지원자를 몰려왔다. 어느 정도 시간이 지나자 수영부는 안정됐다. 그 다음 국가대표 출신의 강사를 초빙해서 축구교실을 열었다. 비용도 교회에서 일부 지원해서 일반 축구교실보다 더 싸게 했다. 이렇게 교회가 감당할 수 있을 선에서 전문 강사를 초빙하는 프로그램을 조금씩 늘려갔다.

이런 노력 때문인지 지역 주민들 사이에 의정부교회가 입소문이 났다. 아이들이 토요학교를 통해 교회학교에 정착하는 경우도 생겼고, 더불어 부모가 교회에 등록하기도 했다. 사회의 어떤 프로그램과 비교해도 뒤처지지 않는 전문성으로 접근했기 때문에 가능한 일이었다. 작지만, 지역을 잘 이용하는 아이디어로 의정부교회의 이미지를 좋게 했다.

토요학교의 철학을 세워라

안영남 목사는 토요학교를 시작하는 교회에 대해서 다음과 같이 주의를 당부한다.

"주5일 수업제가 시작되면서 많은 교회에서 토요학교를 시작했습니다. 하지만 아무런 준비 없이 시작했기 때문에 토요학교를 하면서 힘들어 합니다. 그리고 단기간에 효과를 보려고 하기 때문에 시들시들해집니다. 그래서 토요학교를 시작하려면 우리 교회만의 토요학교의 특징과 철학을 세워야 합니다. 이것이 세워졌다면 지역의 목소리를 듣고 그에 맞는 프로그램을 개발해야 합니다. 주변에서 잘 된다는 소문만 듣고 무작정 프로그램만 가지고 와서 토요학교를 하면 안 됩니다. 그렇게 해서는 정착을 시킬 수 없습니다."

무분별한 토요학교 개설은 금물이다. 주5일 수업제가 시작됐다고 그냥 시작하면 안 된다. 시간을 가지고 준비해야 한다. 많은 교회에서 토요학교를 시작하면 바로 뭔가 결과물이 있을 것이라고 생각한다. 의정부교회도 토요학교를 정착시키는 데 3년이 걸렸다.

"대형 교회에서 토요학교를 개설했는데 30명 정도밖에 오지 않는다고 합니다. 토요학교의 철학이 세워지지 않는 상태에서 시작한 결과입니다. 이렇게 하면 전도의 결과도 없고, 교회학교 학생에게도 아무런 도움이 되지 않습니다."

토요학교의 철학을 세우기 위해서는 담임목사와 교회의 철학에 맞춰 전체적인 그림을 그려야 한다. 교회가 크든지 적든지 이런 기초가 세워지지 않으면 안 된다.

인력을 확보해야

안영남 목사는 교회에서 토요학교를 시작하려면 최소한 6개월 정도의 시간이 필요하다고 당부한다. 토요학교의 정체성을 세우고 프로그램이 선택되면 그에 맞는 전문 강사가 필요하다. 만약 교회 내에 그 분야에 대한 전문가가 있다면 좋지만, 없다면 전문 기관에서 공부하고 수료증이나 자격증을 받아오도록 하면 좋다. 이를 위한 교육비는 교회에서 지원한다. 그리고 토요학교 강사에게는 적더라도 연구비나 강사비를 제공해야 한다. 교회의 봉사 차원에서 벗어나야 한다. 큰 교회에서는 일할 사람이 많지만 작은 교회에서는 일할 사람이 많지 않아 업무의 중복과 부담이 되기 때문에 작은 교회일수록 토요학교에서는 재정적 후원이 꼭 필요하다.

의정부교회 토요학교는 5년 동안 끊임없이 변하고 있다. 지금은 성품교육, 원페이지북, 도서관을 통한 독서 프로그램, 오케스트라, 체험학습 등을 하고 있다. 성품교육을 시작한 것은 교회가 꼭 해야 할 일이기 때문이었다.

"요즘은 신체적으로도 뛰어나고 지식도 있지만 인내도 없고 인격도 없습니다. 운동선수들이 기술이 좋아서 잠시 자신의 능력을 발휘할 수 있지만 기초 체력과 지구력이 없으면 한계를 들어납니다. 교회는 성품의 인재를 길러내는 곳인데, 인격적인 부분에서 교회가 감당하지 않으면 안 됩니다. 그래서 교회에 맞는 성품 교재를 만들어서 교육하고 있습니다."

원페이지북은 독서요약기술로 학습에 도움을 줄 수 있는 프로그램이다. 이 프로그램은 책을 한 권 읽고 요약하는 것인데, 중학생들이 대학생 논문을 쓸 정도로 학습에 아주 좋은 프로그램이다.

끊임없이 연구해야

안영남 목사는 경쟁력 있는 프로그램을 개발하는 것에 힘을 쏟아야 된다고 강조한다. 프로그램이 경쟁력이 있으면 흡입력이 있기 때문이다. 토요학교를 시작할 때 교회 아이들이 주로 오겠지만, 점차 교회를 다니지 않는 아이들이 오게 된다. 교회를 다니지 않는 아이들은 프로그램에 흥미를 잃으면 더 이상 찾아오지 않는다. 그렇기 때문에 더욱 좋은 프로그램을 만들어야 한다. 좋은 프로그램은 강제하지 않아도 사람들이 몰려오게 된다. 교회에 대해 홍보를 하지 않아도 교역자와 교사들을 매번 만나기 때문에 자연스럽게 교회 홍보가 된다. 그리고 체험학습을 하든지 수영장을 가든지 개별차량 운행을 하지 않도록 한다. 모든 모임의 장소를 교회로 해야 부모도 아이들도 교회로 찾아온다. 아이들과 부모가 한번이라도 교회에 찾아오기 때문에 교회를 둘러보고, 교회를 생각하게 된다. 교회에 오면 교회에서 준비한 차량으로 모두 함께 움직인다. 이렇게 아이를 따라 교회에 온 부모가 교회에 정착한 경우가 생겼다.

5년 동안 교육에 중심을 두고 끊임없는 투자와 연구를 한 의정부교회는 지역에 더 많은 것을 채워주기 위해 노력하고 있다. 앞으로 의정부교회 토요학교를 통해 보다 많은 아이들이 그리스도의 품으로 오기 소망한다.

1. 놀이 체험 — 놀이동산, 실내·실외 수영장, 눈썰매장, 스케이트장, 헤이리 등
2. 지역문화축제 체험 — 동장군축제, 안성바우덕이축제, 인천 세계도시축전, 여주도자기축제, 산천어축제
3. 문화예술 공연 — 뮤지컬 라이언킹, 신의 아그네스, 호두까기인형, 장한나&런던챔버오케스트라, 백설공주를 사랑한 일곱난장이
4. 전시회 체험 — 국립중앙박물관, 잉카문명전시회, 아프리카문화원
5. 역사문화탐방 체험 — 남산한옥마을, 경복궁, 고석정, 창덕궁
6. 안보체험 — 비무장지대 체험, 임진각, 땅굴체험
7. 자연 체험 — 남산 체험, 서울숲, 광릉수목원, 백운계곡, 해여림식물원, 북서울 꿈의숲, 외갓집체험마을, 남양주지기마을
8. 명소 체험 — 서울N타워, 청와대, 서울대 견학, 연세대 견학, 고려대 견학, 국회의사당, 헌정기념관, 63씨월드
9. 경험학습 체험 — 송암천문대, 우주과학놀이, 영어마을, 외국인과 함께하는 역사여행, KBS, 기상청, 서대문역사박물관, 유비쿼터스파크, 옥토끼우주센터, 내친구플라스틱, 남양주그린학습원, 카자니아(직업체험), 케익만들기, 서울과학관, 투니버스와 함께 하는 "캐릭터페스티발"

Chapter • 4

안산제일교회

신앙과 문화, 두 기둥으로 세운 'Feel通 School'

문화학교는 교회학교 전도의 장으로
제자학교는 교회학교 리더 양성의 공간으로

경기도 안산 지역은 다른 지역보다 맞벌이 부부가 맞아 주5일 수업제가 시작되면서 아이 혼자 시간을 보내는 경우가 많았다. 그래서 토요일에 부모가 아이를 믿고 맡길 수 있는 곳이 필요했다. 이런 이유 때문에 안산제일교회(예장통합, 고훈 담임목사)에서 토요학교를 운영하기로 했다. 교회에서 토요학교를 한다는 소식에 주변에 있는 부모들이 좋아했다.

feel이 통(通)하는 학교

어린이와 청소년 세대의 감성적 코드에 맞게 기획된 신앙교육의 장이란 의미를 담고 있는 'feel이 통(通)하는 학교'가 있다. 바로 안산제일교회 필통스쿨(Fell通 School)이다. 필통스쿨은 주5일 수업제의 시행에 발맞추어, 안산 지역의 어린이와 청소년들에게 신앙적, 문화적, 교육적 활동의 장을 제공함으로 지역사회를 섬기고 선교하는 데에 그 목적을 두고 있다.

안산제일교회 필통스쿨은 두 가지 목적을 가지고 시작했다. 첫 번째는 아이들에게 학교교육이 할 수 없는 부분을 교회가 토요학교를 통해서 제공하자는 목적이다. 두 번째는 안산지역 중에서 안산제일교회가 속한 곳이 다른 서울 근교에 비해서 문화적인 환경이 취약하고, 저소득층이 많다. 부모나 아이들의 문화적 욕구가 많은데, 환경과 경제적인 이유 때문에 제대로 그 혜택을 받지 못하고 있다. 그래서 토요학교를 통해 문화와 신앙을 접목해서 그 욕구들을 해소할 수 있는 장을 열어주는 목적이다. 새로운 문화 공간을 통해 교회 아이들뿐만 아니라 교회 밖의 아이들도 교회로 쉽게 찾아오고 전도할 수 있는 통로로 삼았다.

예수님의 제자를 양성하는 과정으로

필통스쿨은 주5일 수업제가 2, 4주째만 실행되고 있던 2010년 '작은예수학교' (제자학교)로 시작했다. 매주 토요일에 쉬는 것이 아니었기 때문에 오후시간에 진행했고, 지금까지 계속 오후시간에 진행하고 있다. 제자학교의 최종 목적은 참된 제자로 교회학교 리더로 세우는 데에 있다. 제자학교는 '어린이 작은예수학교' 와 '청소년 작은예수학교' 로 나눠져 있다. 어린이 작은예수학교는 초등학교 저학년(1, 2, 3학년)과 고학년(4, 5, 6학년) 과정이 있다. 작은예수학교는 3년 주기로 시행하고 있고, 올해가 3년차 주기에 해당한다. 1년차에는 QT교육, 2년차에는 놀이로 배우는 십계명, 3년차에는 저학년은 예수님성품, 고학년은 성경탐험의 과정을 배운다.

청소년 작은예수학교는 10주 과정으로 '구원의 확신', '주기도문', 'QT', '기독교세계관 및 성품', '양화진 탐방', '브릿지 전도법', '봉사기관 방문', '1박 2일 영성수련회' 를 한다. 이 과정을 수료한 청소년들에게는 단기선교를 갈 수 있는 혜택을 주고 있다. 청소년 작은예수학교 과정을 모두 수료한 아이들을 대상으로 리더스쿨 과정을 만들 예정이다. 이 과정은 주일에 교회학교에서 교사와 함께 부서를 섬기는 일을 할 일꾼으로 성장시킬 계획이다.

주일 교회학교에서 공과교육을 통해 채울 수 없는 신앙교육을 제자양육 차원으로 하고 있다. 현재 이 프로그램에 100여 명의 아이들이 참여하고 있다.

지역과 소통하는 통로로

작은예수학교로 시작된 토요학교는 올해 주5일 수업제가 시행되고 '문화학교'를 새롭게 신설하면서 제자학교와 문화학교의 두 기둥이 세워진 필통스쿨로 성장했다.

문화학교는 지역의 아이들이 문화적 혜택을 많이 받을 수 있도록 미취학 아동 교실(2개), 초등교실(4개), 청소년 교실(3개)을 개설했고, 모두 오전에 진행되고 있다. 취학전 아이들을 위한 교실로는 체육활동을 중심으로 하는 'Kids 선수촌'과 공작활동을 중심으로 하는 '창의력 팡팡교실'을, 초등학생들을 대상으로는 서예를 통해 감성과 집중력을 키워주는 '나는 명필이다', 다양한 만들기를 통해 집중력과 창의력을 키워주는 '창의력 쑥쑥', '만화창작반'(그림), '축구교실'을, 청소년을 대상으로는 '베이스기타', '뮤지컬', '힙합댄스' 교실을 열었다. 가장 반응이 좋았던 것은 창의력 팡팡교실, 축구와 만들기다. 문화학교가 교회 아이들을 대상으로 올해 처음 시작했지만, 250명이 참여하고 있다. 필통스쿨에 대한 소문이 지역에 퍼지면서 지역의 학부모와 아이들의 문의가 많이 오고 있어서 하반기에는 약 400명 정도 참여할 것으로 보인다.

지역의 니즈(needs)를 파악해야

박병주 교육 목사는 토요학교를 시작하면서 지역의 니즈(needs)
에 대한 조사가 꼭 필요하다고 당부한다.

"문화학교를 시작하면서 지역의 아이들에게 꼭 필요한 것이 무엇
인지 조사하는 것이 부족했습니다. 내부적으로 뮤지컬이나 힙합댄
스는 청소년들에게 폭발적인 인기가 있을 것이라는 의견이었습니
다. 그런데 막상 뚜껑을 열어보니 학부모나 학업에 지친 청소년들에
게는 별 반응이 없었습니다. 힙합댄스 경우 오히려 초등학교 고학년
아이들에게 인기가 있었습니다. 내부적으로 이 부분에 대한 준비가
미흡했던 것이죠. 이와 반대로 기대하지 않았던 베이스기타는 반응
이 좋았습니다. 바쁘고 힘들지만 모두 악기 하나쯤은 배우고 싶다는
마음이 있었습니다. 그래서 하반기에는 악기 분야를 더 많이 늘릴
계획입니다."

지역의 아이들이 무엇을 원하는지 더욱 조사해서 하반기에는 유
아를 위한 '유리드믹스', '유아발레', '신체놀이활동' 강좌를 늘릴
예정이다. 반응이 좋았던 만들기 교실은 한 강좌를 더 열 계획이고,
초등학교 고학년을 위해서 책을 통해서 기독교세계관이 성립될 수

있는 프로그램으로 '기독교문화세계관'을 할 계획이다. 이를 위해서 한 학기 동안 준비했다. 청소년들을 위해서는 주변에 있는 서울예대와 연계해서 많은 아이들이 악기를 접할 수 있도록 할 예정이다.

다음세대가 그 다음세대를 위한 헌신으로

필통스쿨은 오전에는 문화학교를, 오후에는 제자학교를 한다. 이 두 가지를 모두 참여하는 아이들에게는 교회에서 점심을 제공한다. 아이들을 위한 꼼꼼한 배려가 나타난다. 이런 배려는 최근 새롭게 건축한 성전에서도 나타난다. 교육학교 아이들 특성에 맞는 예배실과 공간을 마련해 교회가 아름답고 재미있는 곳이라는 인식을 심어 주고 있다.

"교회학교의 교육은 장기전입니다. 1-2년 하고 끝낼 교육이 아닙니다. 토요학교도 마찬가지입니다. 단기간에 무엇인가 이루려고 욕심을 내지 않았으면 좋겠습니다. 그래서 철저한 준비와 관심과 노력이 필요합니다."

필통스쿨은 예수님과 필이 통하는 학교라는 의미와 함께 우리가 초등학교 시절의 추억을 의미하기도 한다. 지금 안산제일교회 필통스쿨에 다니는 아이들이 성인이 되어 교회를 추억하고 이곳에 자신의 재능을 기부하고 다음세대를 위해 헌신하길 기대한다.

〈어린이 제자학교 1단계〉 큐티야 놀자~

1강 큐티! 왜 해야 하나요?

　성경이 어떤 책이며 왜 읽어야 하는지 성경묵상의 필요성과 동기를 배운
다.

2강 큐티! 어떻게 하나요?

　성경묵상 방법을 배운다(기도-읽기-생각-적용-기도-실천).

3강 큐티실습1(마 4:1-11)

　하나님이 어떤 분이신지 찾고 적용하도록 돕는다. 스스로 하도록 하고
모둠별로 발표.

4강 큐티실습2(마 6:5-13)

　하나님과 교훈 찾기를 통해 아이들 스스로 읽고 이해하는 수준만큼 정리
하도록 한다.

5강 나눔 및 협동학습 활동1(눅 10:25-28)

　큐티지 실습 및 첨삭 지도한다.

6강 1-3학년/ 가족캠프

　　4-6학년/ 국내성지순례

7강 나눔 및 협동학습 활동2(눅 10:29-37)

　큐티지 실습 및 첨삭 지도한다.

8강 나눔 및 협동학습 활동3(눅 10:38-42)

　큐티지 실습 및 첨삭 지도한다.

〈어린이 제자학교 2단계〉 놀이로 배우는 십계명

1강 십계명의 중요성

2강 왜 오늘날에도?

3강 예배의 대상: 유일한 하나님

4강 예배의 방법: 우상, NO!

5강 예배의 자세: 여호와 이름으로!

6강 바른 예배의 시간

7강 네 부모를 공경하라

8강 살인하지 말지니라

9강 간음하지 말지니라

10강 도둑질하지 말지니라

11강 네 이웃에 대해 거짓증거하지 말지니라

12강 네 이웃의 집을 탐내지 말지니라

13강 캠핑(1박 2일)

〈어린이 제자학교 3단계〉 놀이로 배우는 십계명

저학년(1,2,3학년) - 예수성품교실

1강 요셉 〈큰 꿈〉

2강 아브라함 〈너그러움〉

3강 다윗 〈적극〉

4강 모세 〈겸손〉

5강 여호수아 〈헌신〉

6강 에스더 〈용기〉

7강 성품페스티발 & 성품음식

고학년(4,5,6학년) - 신나는 성경탐험교실(마태복음~사도행전)

1강 복음의 준비

2강 예수님의 사역

3강 교회의 확장

4강 모션 복습 & 성경골든벨

Chapter 5

시온성교회

토요학교, 교회학교와 연결하는 가교로 활용하라

학습과 관련된 프로그램은 관할 교육청의 기준을 잘 살펴야
자칫 경고 조치, 벌금을 받을 수 있어

주5일 수업제가 전면 시행되면서 교회학교의 학생 출석률에 변화
가 일어나고 있다. 하지만 이를 어떻게 활용하느냐에 따라 교회학교
성장에 좋은 기회가 될 수 있다. 교회가 어떻게 대응하고 준비하느

냐에 따라 기회가 될 수 있다. 시온성교회(최윤철 담임목사)는 교회학교 교육에 한계가 있음을 인식하여 토요학교를 운영했다.

"그 동안의 교회학교 교육이 시간과 공간상의 제약으로 인해 주일 예배와 공과공부에서 머물러 있었다면 토요학교를 통해 각 교회는 토요일 시간을 이용하여 좀 더 다양한 활동을 펼칠 수 있습니다. 그리고 다양한 교육의 장(場)을 통해 교역자, 교사, 부모, 학생들이 좀 더 깊은 유대감을 공유할 수 있습니다."

실제로 시온성교회에서는 토요학교를 운영하면서 교역자와 교사, 부모와 학생들이 훨씬 가까워짐을 느낄 수 있었다. 무엇보다 부서별, 학년별로 나눠 진행하는 교회학교와는 다르게 여러 연령대가 모여 함께 공부하고 체험활동을 하면서 교회 선후배간의 소통과 유대도 강화되었다. 그리고 교회를 부담스러워 하던 믿지 않는 가정의 부모들과 학생들도 토요학교의 다양한 프로그램을 통해 보다 친숙하게 교회로 오게 됐고, 전도효과도 서서히 나타나고 있다.

목표를 뚜렷하게

주5일 수업제가 본격적으로 논의되기 이전부터 시온성교회는 수년전부터 교회의 다음 세대를 이끌어갈 인재 양성 및 지역사회 섬김을 목표로 토요학교를 운영해 왔다. 2003년부터 자원봉사자들을 통

해 산발적으로 실시되어 오던 관현악수업들을 2006년 3월에 토요 관현악교실로 확대 개편하여 전문적인 교사의 가르침을 통한 체계적인 수업을 시작하였다. 이것이 오늘 시온성토요학교의 모태가 되었다. 주5일 수업제가 서서히 진행된 2011년에 놀토를 위한 새로운 프로그램으로 '문화체험교실'과 '영어성경학교'를 열어 교회학교 학생들뿐만 아니라, 타 교회 및 주변 지역의 학생들에게 다양한 실내 및 실외 체험활동과 영어교육의 기회를 제공했다. 올해에는 '자라는 학교, 잘하는 학교-세상이 줄 수 없는 교육의 장'이라는 목표 하에 좀 더 체계적으로 다양한 교실들을 운영하고 있다.

프로그램은 체계적으로

현재 시온성교회 토요학교는 뮤지컬교실, 스포츠교실(음악줄넘기), 관현악교실, 문화체험교실과 영어성경학교가 운영 중이다. 전체 교실을 관리하는 전임교역자와 각 교실별 담당교역자가 세워져 있고 각 교실별로 부장과 총무, 회계 및 담당교사들이 세워져 있다. 뮤지컬교실은 담당교역자의 관리 하에 성악 전문 선생님과 안무 전문 선생님 그리고 전문 반주 선생님을 초빙하여 발성 및 하모니 만들기부터 안무의 기본동작과 리듬감 익히기 및 자기표현을 배우고 있으며, 하나의 작품을 정해 연말 공연을 목표로 준비하고 있다. 교회의 지하 체육관을 이용하여 실시하고 있는 스포츠교실 역시, 담당 교역자의 관리 하에 이번 학기에는 음악줄넘기 전문 강사를 초빙하여 초급반과 중급반으로 나눠 음악줄넘기와 태권줄넘기, 댄스줄넘기 등 기본 줄넘기 이외에 다양한 응용줄넘기를 가르침으로써 아이들의 흥미를 유발하고 체력향상에 도움을 주고 있다. 그리고 관현악교실은 바이올린, 플롯, 첼로, 피아노 그리고 오케스트라 수업까지 각 교실별 전문 강사를 초빙하여 교회 아이들뿐 아니라 지역사회 아이들에게 저렴한 가격에 양질의 음악수업을 제공하고 있다.

영어성경학교는 정철영어성경학교에서 발행한 교재인 「WHO MADE WORLD」를 기본 프로그램으로 하면서 영어성경학교 전문 강사와 영어전공의 교사가 다양한 시청각 교재와 영어노래, 게임 등을 접목한 수업을 통해 아이들이 영어로 복음의 전반적 흐름을 이해하고 이를 암기하여 전달할 수 있는 수준에 이르도록 하고 있다. 2012년 6월에 1년 과정을 수료한 제1기 시온성영어성경학교 수료생들을 배출했다. 수료생들은 전원 영어로 주기도문, 사도신경, 영어 성경구절들을 암송할 수 있으며 10여곡의 영어 가스펠을 율동과 함께 부를 수 있다. 고학년들의 경우 교과서 전체를 암기하여 20여 분간에 걸쳐 영어로 복음을 제시할 수 있는 수준에까지 이르게 되었다. 지난 크리스마스 발표회와 이번 수료식에서의 아이들의 발표를 통해 교인들에게 영어성경학교에 대한 인지도가 상당히 높아졌으며 차기 영어성경학교에 대한 문의와 기대가 높다.

문화체험교실은 가장 많은 예산과 프로그램 개발에 정성을 쏟는 교실인데, 무엇보다 믿지 않는 가정의 아이들을 자연스럽게 교회로 불러들일 수 있는 최적의 프로그램으로 자리 잡아 가고 있다. 회를 거듭할수록 참가자들의 체험활동 만족도가 높아지고 있으며, 초창기 교회학교 학생들 중심이었던 참가비율이 점차 타 교회 어린이들과 믿지 않는 지역사회 어린이들까지 확대되어 지금은 참가자 30명 중 7~8명 정도가 꾸준히 믿지 않는 가정의 아이들이어서 전도의 기회로도 활용되고 있으며, 실제로 문화체험교실을 통해 2012년 봄학기에만 6명의 아이들이 교회학교에 등록했다.

준비를 철저하게

주5일 수업제가 시작되면서 많은 교회들이 토요학교를 시작했다. 하지만 토요학교에 대한 원칙과 철저한 준비 없이 시작한 곳은 운영하는 데 어려움을 느낄 것이다. 또한 재정 및 인력의 부족이라는 한계 속에서 사설학원들이나 문화센터에서 운영하는 프로그램과 동일한 프로그램의 무분별한 도입으로 힘든 곳이 있을 것이다.

최윤철 목사는 새롭게 토요학교를 시작하는 교회에 다음과 같은 조언을 한다.

"교회의 상황과 교회가 위치한 지역의 특성을 잘 분석해야 합니다. 그리고 교회 내 아이들과 지역사회 아이들을 토요학교로 끌어들일 수 있는 프로그램을 개발해야 합니다. 세상이 줄 수 없는, 교회만이 제공할 수 있고, 교회가 우위에 설 수 있는 프로그램으로 승부해야 합니다."

그래서 토요학교 필요성에 대해 교회 전체가 공감대를 형성해야 하고 교회가 가진 목적과 가치에 맞는지 살펴야 한다. 분명한 목적과 방향성이 있는 토요학교를 세운 다음 시작해야 한다.

최 목사는 전문성의 확보에 대한 조언도 강조했다.

"교인들에게조차도 교회에서 하는 프로그램은 비용은 싸지만 비전문가들에 의한 질이 낮은 프로그램이라는 인식이 강합니다. 이러한 인식을 전환시키기 위해서 교회는 교회 내의 인력을 활용하면서도 전문성을 갖추기 위해서는 각 교실별로 외부 전문 강사들을 영입하여 각 교실의 전문성 확보 및 홍보에 주력하는 것이 필요합니다."

시온성교회 토요학교 역시 전문 강사들을 통해 교육의 질을 높였다. 예전에 비해 다소 비싸지만 충분히 참여할 가치가 있는 프로그램들로 바꾸자 결과는 기대이상이었다.

그러나 교육의 전문성 확보만으로 토요학교를 성장시키기에는 무리가 있다. 기본적으로 교회의 토요학교가 주변의 초등학교나 사설학원의 주말프로그램들과 차별화가 되기 위해서는 교회의 정체성을 잃지 말아야 한다. 교회의 토요학교는 참가자 수가 얼마나 많은 가에도 관심을 가져야 하지만, 얼마나 많은 이들이 토요학교를 통해 영적성장과 영혼구원이라는 기독교 교육의 궁극적 목적을 성취할수 있는지를 고민해야 한다. 이를 위해서는 전문 강사를 도와 아이들을 돌보아 줄 헌신된 교사들의 참여가 필수적이며, 가능하다면 각 프로그램별로 교역자를 배치하여 자연스런 신앙교육도 할 수 있도록 하면 좋다.

그리고 토요학교를 운영함에 있어서 주의해야 할 점이 있다. 많은 교회들이 교회 내 아이들과 지역사회 아이들을 섬기기 위해 영어·수학 교실이나 공부방을 열어 아이들의 학습을 돕고 있는데, 좋은 취지로 시행한다 하더라도 학파라치 및 주변 학원 등의 고소 고발로 1,000만원에 이르는 벌금도 부과 받을 수 있기에 주의가 요구된다. 관할 교육청별로 기준에 다소 차이가 있을 수 있으므로 잘 알아보고 운영해야 한다. 실제로 시온성교회도 관할 교육청의 1차 경고조치를 받고 중고등부 영어·수학 교실이 운영을 중단한 상황이며, 새로운 운영방안을 모색 중이다.

가정교육으로 확대

앞으로 시온성교회 토요학교는 아이들 교육이 교회학교 교육에 머물지 않고 가정교육으로까지 연결될 수 있도록 부모들을 대상으로 한 기독학부모교실을 준비 중에 있으며, 성품교실과 중고등 학생까지 흡수할 수 있도록 문화체험교실과 영어성경학교를 확대 개편할 계획에 있다. 시온성교회의 바람처럼 교회와 가정이 연결되어 교회의 다음 세대를 이끌어갈 인재 양성하고 지역사회를 섬기는 교회가 되기 소망한다.

토요학교를 위한 *Tip*

〈시온성교회 토요학교 조직(2012)〉
교장: 최윤철 담임목사
담당교역자: 김명소 전도사
교회학교위원장 : 김동언 장로
교육부 총무: 송성원 집사

	관현악교실	문화체험교실	영어성경학교	스포츠/ 뮤지컬교실
교역자	김명소 전도사			오세윤 전도사 석순미 전도사
부장	조성노 집사		송성원 집사	
총무	맹명선 권사	강성이 집사	조혜진 집사	강성이 집사
회계	맹명선 권사	이은영 집사	조혜진 집사	이은영 집사

  시온성교회는 교육부 산하 주일학교와 주중학교를 두고 있는데, 토요학교
는 주중학교에 속한다. 토요학교는 교육부 전임 전도사를 전체 담당 교역자
로 세워 전반적인 관리를 하도록 하고 있으며, 각 교실별로 따로 담당 교역
자와 부장, 총무, 회계 및 담임교사와 보조교사가 있다. 교사 대부분이 교회
학교 교사를 병행하고 있는데, 이것은 업무의 이중부담이라는 측면에서는
단점이기도 하지만 토요학교와 교회학교의 각 부서의 유기적 협력과 전도
효과 면에서는 장점이기도 하다. 토요학교를 통해 교회학교에 온 새 친구가

평소 자주 보던 교역자나 교사를 보면서 더 친근하게 각 부서에 잘 정착할 수 있었던 사례에서 볼 때 각 부서의 교역자들과 교사들이 최소한 한 두 명 정도는 토요학교에 참여하는 것이 새 친구의 교회정착에 많은 도움이 된다.

토요학교 교사들은 매주 각 교실별로 미팅을 갖고, 토요학교 전체 교사 모임은 개강 시와 중반기, 종강 시 정기모임으로 모이며, 각 교실 부장–총무 모임은 필요시마다 전담 교역자가 소집하여 주요사항을 결정하고 있다. 한 달에 한번 모이는 교육부 회의 및 기도회에 각 토요학교 교실 대표들도 참여하여 교실별 상황을 보고하고 교회학교와의 협력을 도모하고 있다.

Chapter 6

문화교회

지역에 꼭 필요한 프로그램으로 접근하라

주변의 문화센터나 문화원에서 운영하는 프로그램과 차별화해야
정당한 대가를 지불하고 프로그램에 참여하도록 해야 더 적극적

토요학교는 단순한 놀이의 공간이 아니라, 지역 사회를 섬기기 위
한 사회 교육의 공간이다. 교회와 지역 사회의 어린이와 그 가정에
건전한 교육과정을 통해 기독교 공동체 안에서 기독교 문화를 접하
고 마침내 기독교적 지도자로 성장하는 공간이다. 그래서 지역 사회

에 더 많은 아이들이 교회와 친숙해지고, 교회 안으로 들어올 수 있도록 다양한 프로그램을 제공해야 한다.

교회 문턱을 낮춰야

문화교회(김형진 담임목사)는 주변에 새로운 아파트가 들어서면서 자녀교육에 관심이 있는 입주민들이 토요학교를 통해 교회로 오고 있다. 이후 자녀의 토요학교 프로그램에 만족한 부모들과 자녀들이 교회에 등록하게 되고, 같은 관심사를 가진 동료 입주민들에게도 문화교회와 토요학교를 알리면서 교회학교가 더 풍성해지고 있다. 교회학교에서도 토요학교를 통해 새 친구들을 더 빨리 파악하게 되는 장점이 있다. 이것은 결국 토요학교를 통해 교회학교에 등록하게 된 친구들이 더 쉽게 교회에 정착할 수 있는 결과를 낳고 있다. 토요학교를 담당하는 김관표 목사는 "믿지 않는 지역 사회 주민들이 교회로 진입하기 더 쉽도록 문턱을 낮춰주는 역할을 토요학교가 하고 있습니다. 토요학교와 카페, 문화 행사를 통해 교회 근처 지역 사회 주민들이 쉽게 문화교회를 드나들게 되고, 교회로 등록하는 새 생명들이 분명 존재하고 있습니다."

연령별 맞는 프로그램으로

문화교회에서는 2006년 주5일 수업제가 격주로 시작되면서 유치
부와 중고등부에서 토요학교를 시작했다. 다음해인 2007년에는 음
악학교를 시작했고, 문화체험학교는 2011년에 시작했다. 유치부
Kid's School은 6-7세 어린이를 위한 강좌로 개설했다. 봄과 가을
에 10주씩 하고 있고, 참여 인원은 30여 명이다. 소수로 각 반을 운
영하고 있다.

개설한 강좌는 미술치료, 가베, 종이접기, 북아트, 풍선아트, 유아
발레다. 미술치료는 미술 활동을 통해 어린이의 심리를 파악하고,
부모와 상담을 통해 어린들의 성장을 돕는 교실이다. 가베는 가베
교구 수업을 통해 창의력, 공간 감각, 수학 감각, 과학 감각, 언어 감
각을 길러 주고, 소근육 발달을 촉진시키며, 친구들과의 상호 작용
으로 정서 발달 및 사회성 발달을 돕는 교실이다. 종이 접기는 소근
육 발달, 미적 감각, 두뇌 발달 및 창의력을 높일 수 있도록 한다. 북
아트는 어린이들 스스로 자신의 책을 만듦으로써 성취감과 언어능
력의 발달을 돕고 나아가 책을 사랑하고 가까이할 수 있도록 한다.
풍선아트는 어린이들의 정서발달에 도움을 주는 풍선을 통해 소근
육 발달, 두뇌발달, 창의력 향상, 미적 감각 향상 등을 돕는다. 유아

발레는 발레를 통해 바른 자세로 교정, 척추 교정, 유연하고 곧은 몸매를 얻도록 하며, 리듬감과 표현력 등의 정서 발달을 돕도록 한다. 이렇게 Kid's School은 유아에게 꼭 필요한 두뇌활동과 신체활동을 위한 교실을 열었다. 유아 같은 경우 부모가 함께 오기 때문에 부모가 자연스럽게 교회에 대해서 알게 된다. 그래서 크지는 않지만, 열매가 있다. 시작할 때 반응이 좋아서 많은 아이들이 참여했지만, 지금은 교회 주변에 문화센터, 도서관 등 유사한 프로그램들이 생기면서 소수가 참여하고 있다.

음악학교는 악기를 배우고 싶지만 형편이 되지 않아 배우지 못하는 아이들을 위해서 한 성도의 후원으로 시작했다. 2008년부터 바이올린 2개 반, 첼로 1개 반을 운영하고 있다. 각 반에 10여 명 정도이며, 15분 레슨을 받고 30분 연습한다. 음악학교에서는 동사무소에 연락해서 형편이 어려운 아이들을 추천받아서 1-2명 정도 함께 배우고 있다.

문화체험학교는 매 학기 당 6회 정도 다양한 체험을 한다. 매 학기당 30명의 아이들이 참여하고 있다. 이천 도자기 체험마을, 염전체험, 외갓집 체험마을, 스튜디오 체험, 쿠키세상, 뮤지컬 공연 관람 등 다양한 체험을 한다. 체험마을을 다녀온 후에는 아이들이 체험보고서를 작성하도록 하고 교회 소식지인 '빛과소금'에 견학 내용을 기재한다.

청소년을 위한 토요학교 MITS는 Moonhwa Influential Teens School의 약자로, 예수 그리스도의 제자로서 세상에서 영향력 있게 살아가는 청소년 리더를 배출하고자 시작했다. MITS는 자신의 꿈과 비전도 정확히 발견하지 못하고 학교의 입시와 시험에 쫓겨 바쁘게 살아가는 오늘날의 청소년들에게, 성경적 세계관과 올바른 가치관을 심어주어 학생들 스스로 자신의 진정한 비전 찾기에 도움을 주려는 목적이 있다. 그래서 제자화, 신앙교육을 중심으로 한다. MITS를 담당하고 있는 기수환 전도사는 MITS에 대해서 다음과 같이 말한다.

"본래 학교에서 토요일 자율학습을 실시한 목적은 교실 안의 답답한 수업에서 벗어나 학생들 자신이 원하는 자유로운 활동을 통하여 스스로 학습하고 배우는 기회를 제공하기 위한 것으로 알고 있습니다. 그런데 학생들은 자신에게 주어진 이 자유의 시간을 어떻게 보내야 할지 몰라 노래방이나 PC방에서 자신들의 귀한 시간을 헛되이 보내고 있습니다. 이러한 관점에서 MITS에서는 스스로 보다 많은 것을 경험하고 체험할 수 있는 다양한 학습의 기회를 제공합니다. 또 학생들이 그동안 자신이 알지 못했던 스스로의 재능을 발견, 발전시키는 것을 돕는 역할을 감당할 수 있도록 합니다."

MITS는 8주 과정으로 먼저 4주간의 소그룹 성경공부 모임을 통해 학생들의 기초 신앙 훈련을 하고, 이후에 외부활동을 갖는다. 대학캠퍼스 탐방은 자신의 비전을 찾도록 하고, 커리어 데이는 교회 안에 계신 직분자들의 사업장을 직접 방문해서 직업관을 심어준다. 마지막 주는 훈련에 참가한 학생, 교사들과 1박 2일로 여행을 다녀온다. 필요에 따라 양화진 선교사들의 무덤 방문, 청소년 뮤지컬 공연을 실행하기도 한다. 상반기와 하반기로 나누어 일 년에 두 번 진행한다. 학기마다 10명 내외가 참여하고, 5-6반으로 2~3명의 소그룹으로 운영한다. 이 과정을 수료한 청소년들은 참여하지 않은 아이들보다 신앙생활을 더 열심히 한다. 그래서 MITS는 신앙 심화반이라고 할 수 있다.

"MITS를 수료한 학생들이 친구초청을 위한 뮤지컬을 자발적으로 계획하고 공연하는 시간이 있었습니다. 교회 안에서 적극적으로 참여하고 스스로 주인의식을 가지고 주도적인 역할을 합니다."

사전조사는 꼼꼼하게

김관표 목사는 토요학교에서 주의해야 할 점에 대해서 다음과 같이 말한다.

"지역 사회와 교인의 욕구를 파악하는 것이 중요합니다. 그리고 교회 근처의 복지 시설이나 문화 시설에서 어떤 프로그램이 이루어지고 있는지 사전 조사를 철저하게 해야 합니다. 타 시설과 중복되는 프로그램을 개설할 때는 효과를 기대할 수 없기 때문에 틈새를 공략하는 것도 한 방법이 됩니다."

그리고 교회학교 아이들을 위한 프로그램을 할 것인지, 지역의 아이들을 대상으로 할 것인지 확실히 정해야 한다. 또한 인터넷을 통한 학부모 카페모임을 활용하면 토요학교를 운영하는 데 도움이 된다. 이미 토요학교가 활발하게 진행되는 교회들을 충분히 사전 조사하는 것이 중요하다.

"주5일 수업제가 시작되면서 교회마다 토요학교를 진행하고 있습니다. 그런데 토요학교를 학생을 위한 것이 아니라 단순히 교회의 프로그램을 위한 것으로 진행하려고 하는 것은 아닌지 생각해 봐야 합니다. 분명한 의식 없이 토요학교를 하면 교역자와 교사와 학생들 간에 각자가 생각하는 교육의 중심점이 흔들릴 수 있습니다. 단순히 토요학교의 프로그램에 학생들이 참여하기를 바라는 마음으로 어떤 프로그램을 준비한다면 그 프로그램은 학생들에게 전혀 도움이 되지 않을지도 모릅니다. 학생들이 정말로 필요로 하고 원하는 것이 무엇인지에 대해 학생들의 말을 경청하는 과정이 필요합니다."

그리고 교회에서 하는 강좌는 저렴하거나 무료라는 인식이 팽배해 있다. 그래서 토요학교는 양질의 프로그램을 해야 하고 정당한 대가를 지불하는 것이 필요하다. 너무 저렴한 것 보다는 정당한 대가를 지불하도록 했을 때 수강자들의 참여가 더 적극적이다.

모든 사람들에게 만족을 주는

토요학교를 시작할 때 대부분 교회학교를 담당하고 있는 교역자나 교사로 시작하지만, 토요학교가 안정이 되고 보다 발전하려면 토요학교 전담 교역자와 교사를 세우는 것이 좋다. 토요학교와 주일학교를 함께 운영하다보면 어느 한쪽으로 소홀할 수밖에 없기 때문이다.

"문화교회 주변에는 토요일에 다양한 강좌를 하고 있는 곳이 많습니다. 그래서 지금과는 다른 방향으로 토요학교를 발전시켜야 할 필요성을 느끼고 있습니다. 새로운 프로그램을 모색해서 지역 사회 주민과 교인들을 만족시킬 수 있는, 나아가 영생으로 인도하는 또 하나의 도구가 될 수 있도록 최선을 다하려고 합니다."

문화교회가 꿈꾸는 토요학교가 이루어지길 소망한다.

Chapter 7

영은교회

재미에서 어린이 문화를 확산하는 곳까지 기대하라

토요학교로 지역사회에 교회의 사회적 이미지를 높일 수 있어
자긍심 높이고, 사회적으로 선한 영향력을 끼쳐가는 삶을 기대

영은교회(예장 통합, 고일호 담임목사)는 주5일 수업제를 맞이하
여 지역 학생들에게 건강한 문화를 제공함으로써 학교 교과과정에
서는 접할 수 없는 학생들의 심신건강의 증진과 창의적 활동을 향상
시킬수 있도록 토요학교를 기획했다. 또한 토요일에도 경제활동을
하는 부모를 도와 학생을 돌보는 사회적 섬김의 기능을 수행할 목적

도 있다.

꿈나무 토요학교

영은교회는 꿈나무 토요학교라 명하고 2007년에 시작했다. 처음에는 2주와 4주 놀토에만 진행되었으나 2012년 들어 주5일 수업제가 전면 실시되면서 매월 1, 2, 3주째 토요일에 꿈나무 토요학교를 시행하고, 4, 5주째 토요일에는 진행하지 않는다. 운영시간은 오전 10-12시 2시간 정도 진행한다. 고일호 목사는 토요학교를 시작한 동기에 대해서 다음과 같이 말한다.

"주5일 수업제가 격주로 진행했던 2007년 사회적 이슈는 토요일에 어린이들이 '어디에 가느냐'였습니다. 그때에 주5일 근무제가 제대로 시행되지 않기 때문에 부모들이 돌볼 여건도 안 됐습니다. 아이들을 돌보는 문제뿐만 아니라 아이들이 갈 곳이 없다는 것도 문제였습니다. 기껏해야 오락실 정도 갈 곳 밖에 없었습니다. 이런 이유로 아이들은 방치되고 보호가 취약하여 범죄의 대상이 되기 쉬운 상황에 직면했습니다. 이런 사회적 분위기에서 교회가 이 일을 해결하자는 취지로 시작하게 되었습니다."

그래서 영은교회 꿈나무 토요학교는 세 가지의 설립 비전을 세웠다. 이 땅에 건전한 어린이 문화 창달, 아동들의 창의성과 사회성 배양, 자녀들을 돌보기 어려운 가정을 위한 사회적 섬김이다.

제2의 교회학교가 아니다

고일호 목사는 교회 토요학교는 매우 필요한 프로그램이라고 말한다.

"먼저 토요학교는 사회적이고 가정적인 필요성이 우선했습니다. 그러나 교회적으로도 매우 필요한 프로그램입니다. 교회는 토요학교를 통해 성경교육 이외에 다양한 교육을 제공할 수 있는 장을 확보할 수 있습니다. 또한 교회 다니는 아동들 뿐만 아니라 믿지 않는 가정의 자녀들까지 자연스럽게 교회 안으로 이끌어 교회학교 부흥의 통로가 됩니다. 토요학교에 참여하는 어린이들은 궁극적으로 주일학교에 등록하는 것이 교회적으로 매우 중요한 목적입니다. 또한 지역에서 자녀를 가진 가정은 교회가 하는 프로그램이기 때문에 안심하고 맡길 수 있고, 그럼으로 해서 교회에 대한 사회적 이미지를 높일 수 있습니다."

2007년부터 시작한 꿈나무 토요학교는 2012년에는 228명이 참여하고 있다.

영은교회는 토요학교를 제2의 교회학교가 아니라 특기적성 교육을 위주로 한 토요학교만의 커리큘럼으로 운영하기 때문에 전략적으로 교회학교에 등록하도록 하지는 않는다. 이렇게 토요학교와 교회학교는 서로 다른 특성을 가지고 활동하도록 의도했기 때문에 아직까지 기대만큼 교회학교에 큰 영향을 주지는 못했다. 하지만, 학부모들이 교회에 대해 신뢰하며 관심을 가지고 그 자녀들을 교회학교에 보내려고 하는 생각을 가지고 있는 긍정적인 변화가 일어나고 있다.

"토요학교가 자신의 특성을 가지면서 잘 발전해 왔지만 그것이 교회학교에 큰 변화를 가져왔다고는 말할 수 없습니다. 다만 아동들이 토요학교에 나오는 것을 기뻐하면서 교회에 나오는 것을 좋아하는 경우도 있고, 그 반대로 토요학교는 재미있고 좋은데 주일학교는 재미가 없어 가기 싫다고 말할 수도 있습니다. 그러나 분명한 한 가지는 지역에 교회의 이미지가 좋아졌습니다."

이것은 2007년부터 2012년 상반기까지 출석현황을 보더라도 확연히 드러난다. 2007년에는 135명이 재적이고 그중에서 타 교회학생과 불신자가 7명이었다. 이후에 재적수가 조금씩 늘어나 2012년에는 228명이 됐다. 타 교회학생과 불신자의 수도 11명, 12명, 13명씩 조금씩 늘어나다가 올해 65명으로 급증했다. 이 통계를 보더라고 꿈나무 토요학교는 그동안 긍정적인 영향력을 끼치고 있다고 볼 수 있다. 불신자였던 학생이 교회학교에 등록하는 경우도 29% 정도 매년 증가하고 있다. 특히 저학년 아이들의 경우 부모와 함께 오는 경우가 많기 때문에 학생 전도뿐만 아니라 어른 전도에도 좋은 기회를 가지고 있다.

특성화된 프로그램으로

지금 꿈나무 토요학교는 초등학생 1학년에서 6학년 아동들을 대상으로 상하반기 2학기제로 하고 있다. 각 학기 25주 내외로 토요학교를 운영하고 매주 토요일 오전 10-12시까지 2시간동안 진행한다. 프로그램은 설립목적을 이루어갈 수 있도록 구성했고, 운영한 결과 학생들에게 흥미가 없거나 구성원이 현저히 미달되는 과목은 배제했다. 그리고 계속 새로운 것으로 업그레이드하여 발전 시켜나가는 것을 원칙으로 하고 있다. 현재 축구 A, B반 70명, 미술 A, B, C 30명, 탁구반 15명, 오카리나반 60명, 마음 놀이터반 9명, 로봇 조립반 9명, 제과 교실반 20명, 아트반 15명, 총 인원 228명이다. 그동안 운영되다가 폐지된 과목도 게임영어반, 힙합반 등이 있다.

먼저 축구반은 초등학교 1~3학년, 4~6학년으로 구분하여 축구의 기본기를 익히고 사고력과 신체 발달을 이루도록 하고 있고, 각 반마다 35명이 정원이다. 탁구반은 기본 체력 단련과 균형잡힌 신체발달, 협동 단결심을 키우는 것을 교육 목표로 삼고 10명을 지도하고 있다. 미술반은 초등학교 1~2학년, 3~4학년, 5~6학년으로 나뉘 미술의 전 영역인 표현력, 창의력, 재료탐색 등 위주로 다루어 전인 발달을 이루는 교육목표로 삼고 있다. 각 반마다 10명씩 30명이 미술반에서 지도를 받고 있다. 아트반은 초등학교 3~6학년을 대상으로 어린이가 작가가 되어 주제와 내용을 정하고 작품의 형태와 이미지를 디자인하여 작품을 만들어가는 과정이다. 15명이 정원이다. 오카리나반도 초등학교 3~6학년을 대상으로 협주와 독주를 통해 음악적인 아름다움을 배워 멋진 연주가로 성장하도로 한다. 오카리나반은 무려 60명이나 함께 한다. 제과 교실반은 다양한 제과를 만드는 과정으로 초등학교 3~6학년이 대상으로 15명이 정원이다. 마음놀이터는 다른 프로그램과 차별화된 과정이다. 먼저 집단 안에서 자신을 발견하고, 긍정적 자아상을 형성하여 자존감을 기를 수 있는 프로그램이다. 개별아동이 또래집단의 구성원이 되어, 같은 시공간에서 또래와 함께 놀이함으로써 타인의 감정에 대한 이해와 수용을 할 수 있다. 또한 집단 활동을 통해 문제해결능력 및 협동심을 기를 수 있고, 자신의 감정을 올바르게 표현하며, 건강한 상호작용을 할 수 있다. 초등학교 1~6학년이 대상이고, 10명이 정원이다.

토요학교 시작은 이렇게

꿈나무 토요학교가 이제 안정과 성장을 이루고 있지만 처음부터 안정된 것은 아니다. 그래서 처음 토요학교를 시작하는 교회에 고일호 목사는 몇 가지 조언을 한다.

"먼저 교회는 시설과 인적자원이 다양하고 풍부하기 때문에 토요학교를 개설하는 것이 어렵지 않습니다. 우리 교회는 어린이들에게 프로그램 활동에 필요한 돈을 받지 않고 교회 재정으로 합니다. 아동들에게 회비를 받아서 운영한다는 생각은 하지 않는 것이 좋습니다. 과도한 부담은 일종의 사교육이 되기 때문입니다. 그러나 기본적인 입학금(간식비로 지출, 1만원) 정도는 받는 것도 좋습니다. 왜냐하면 그냥 싸구려라는 인식은 없어야 하기 때문입니다. 두 번째는 처음 시작할 때는 재미있고 흥미있는 프로그램부터 시작함이 좋습니다. 우리 교회는 축구반부터 했습니다. 남자 어린이와 여자 어린이의 흥미는 다릅니다. 이 점도 유의해야 합니다. 질 좋은 프로그램 전문 강사가 필요합니다. 우리 교회는 헌신되며 전문적인 강사들이 있어서 작은 사례로 봉사하길 기뻐합니다. 가능하면 교회의 자원을 확보하되 전문성은 갖추어야 부모로부터 신뢰받을 수 있습니다. 마지막으로 토요학교가 제2의 주일학교가 되지 않도록 하는 것도 필요합니다. 기독교 교육에 대한 열정 때문에 토요학교를 주일학교처럼 이끌어 나가려고 하기보다는 서로 특성화하되 궁극적으로는 아이들로 하여금 교회를 사랑하고 주님을 만나게 하는 통로로 사용해야 합니다. 자신들이 창작한 것들을 전시하여 부모님과 교우들에게 알림으로 홍보와 관심을 유발할 수 있습니다. 그리고 개강예배, 종 강예배, 오리엔테이션 등은 반드시 학부모와 같이 해야 합니다."

선한 영향력을 끼치는

영은교회는 꿈나무 토요학교를 2007년부터 운영하고 있다. 그동 안 안정 돼 있고, 내용도 더욱 충실해졌다. 오카리나반의 경우처럼 교회 외부로 공연을 나갈 정도로 활동도 활발해졌다. 그러나 교회학 교 활성화를 위한 연계성의 부분을 계속 보완해야 하며, 단순히 재 미만을 찾는 토요학교가 아니라 어린이 문화를 확산하는 데까지 가 는 것이 필요하다.

"공간과 인적자원의 제한으로 지금 토요학교 운영도 벅찬 것이 사 실입니다. 하지만 앞으로 환경이 좀 더 나아지면 어린이들을 중심으 로 한 어린이 오케스트라, 어린이 합창단을 만들어 교회 예배에도 참여하고, 사회적인 활동으로 확대할 소망을 품고 있습니다. 그래서 어린이들이 스스로 자긍심을 높이고, 사회적으로 선한 영향력을 끼 쳐가는 삶이 무엇인지 알게 하고 싶습니다."

영은교회 꿈나무 토요학교의 큰 소망처럼 토요학교를 통해 선한 영향력을 지역사회와 교회에 널리 펼칠 수 있기를 기대한다.

〈마음놀이터 교육 프로그램〉

목표	회기	Warm-up	교육활동 및 공유
자기인식 및 타인수용	1	프로그램 소개	이름표 꾸미기, 팀 이름 정하기
	2	무궁화 꽃이 피었습니다	팀 이름표, 규칙판
	3	그대로 멈춰라	내 몸 본드기, 나와 너
감정탐색	4	카드놀이	감정카드
	5	감정단어	마술가게(마음가게, 말의 능력)
	6	스피드 퀴즈(표정읽기)	상황극
	7	요리활동(감정 샌드위치)	
긍정적 Self-image 자각	8	신문지 펀치	신문지놀이(찢기, 갑옷 만들기)
	9	악어이야기(인형극)	장점 찾아주기
긍정적 Self-image 확립	10	풍선놀이(발멈추기)	젠가
	11	거품놀이	물감놀이(쉐이빙폼)
효과적인 의사소통 훈련	12	이불썰매	퍼즐 맞추기
	13	팽이놀이	생각 주머니
	14	멀리던지기	난화 그리기
	15	신문지놀이	플레이 콘
집단 응집력 형성	16	얼음땡	탑 쌓기, 풍선배구
	17	눈 감고 안아주기	치킨차차
	18	인간사다리게임	축구
또래 관계 증진	19	김밥말이	징검다리건너기
	20	몇발뛰기	편지쓰기(상장)
	21	튼튼재료탐색	요리활동(영양꼬치)
	22	얼음땡	야외학습(낙엽놀이-굼나무만들기
	23	난타놀이	작은음악회
종결	24	종결파티	종강예배

Chapter 8

해운대제일교회

학생들을 위한 토요학교를 만들어라!

교회의 문턱을 낮춰 지역의 모든 아이들이 교회에 찾아올 수 있도록
신체적, 정서적 안정을 위해 모든 학생들에게 '키 크는 스트레칭'을

곳곳에 도로가 침수되고 폭우 때문에 이동하는 것이 힘들었던 어
느 토요일. 부산 해운대제일교회(예장 합동, 심욱섭 담임목사)로 아
이들이 하나 둘씩 모여들기 시작했다. 'HJ토요학교'에 참여한 학생
들이다. 2011년 말부터 교회에서 주5일 수업제에 대한 방안으로 토
요학교를 준비했다. 먼저 조직구성과 프로그램을 준비했다. 주일에
아이들을 위해 영어예배를 드렸는데, 영어예배를 토요학교 안으로

편성시켰다. 영어예배 스텝들이 토요학교 스텝으로 다시 구성되었고, 교회학교 부장 출신을 토요학교 부장으로 임명했다. 그리고 토요학교를 위한 예산을 따로 세우고 겨울동안 준비를 하고 2012년 HJ토요학교를 시작했다.

꼭 필요한 토요학교

주변에 토요학교를 하는 곳이 있지만 해운대제일교회에서는 토요학교의 필요성이 간절했다. 토요학교를 담당하는 권승원 전도사는 다음과 같이 말한다.

"모든 교회가 반드시 토요학교를 해야만 한다고 생각하지는 않습니다. 교회의 상황과 주변의 환경적인 요소들을 고려해서 우리 교회에서 왜 토요학교가 필요한가에 대한 확실한 답이 있어야 된다고 생각합니다. 우리 교회에서 토요학교를 시작한 것은 주일성수의 문제와 연결되어 있습니다. 주5일제가 시행되면서 부모님들이 자녀들을 데리고 주말에 교외로 나가는 경우가 늘어났습니다. 우리 교회 특성상 교외로 여행을 갈 때 1박 2일이나 2박 3일로 가는 경우가 많았습니다. 그래서 아이들이 주일에 예배에 참석하지 못하게 됐습니다."

그래서 부모들이 아이들을 주말에 교회학교에서 시간을 보낼 수 있도록 하기 위한 토요학교가 필요했다. 토요일뿐만 아니라 주일까지 영향이 있기 때문이다.

또 하나는 학원이다. 요즘 주말에 아이를 집에 그대로 두는 부모는 그리 많지 않다. 교회에서 운영하는 토요학교가 없다면 대부분의 아이들은 학원에서 시간을 보낸다. 학원에 가는 시간에 교회에서 시간을 보낼 수 있도록 한다면 아이들에게 교회의 문턱을 낮추어 준다는 의미도 있다.

"주의 성전에서의 한 날이 다른 곳에서의 천 날보다 기쁘다는 사실을 토요학교를 경험함으로 아이들이 어린 시절부터 교회에 와서 시간을 보내는 데 익숙해질 수 있습니다."

마지막으로 해운대 지역 특성상 부유한 가정의 아이들도 있지만 한쪽으로는 주말에 누구의 관리도 받지 못한 채 방치되어 있는 아이들 때문이다. 그런 아이들에게 교회에서 토요학교의 장을 열어주는 것에 큰 필요성이 있었다. 이런 이유 때문에 '토요학교'를 열었다.

주일예배에 미치는 영향

토요학교를 시작하자 주일 예배에 결석률이 줄어 들었다. 지난해 경우 놀토와 이어지는 주일의 출석률(특히 유년부의 출석률)이 많이 낮았는데, 그 편차가 줄어들었고, 꾸준한 출석률을 보이고 있다. 그리고 아이들이 언제든지 교회에 와서 편안하게 머물고 시간을 보내는 분위기가 형성되어져 가고 있다. 현재 토요학교와 주일예배간 연계 프로그램은 진행하고 있지 않다. 다만 토요학교가 교회학교의 부서와 같이 운영이 되기 때문에 아이들이 교회학교가 별개의 것이 아니라 교회학교의 연장선상에서 진행하는 것으로 인식한다. 이를 통해 자연스럽게 주일예배의 활성화가 이루어질 수 있도록 하고 있다. 이렇게 하다보면 토요학교에 참석한 믿지 않는 학생들이 자연스럽게 교회학교로 유입될 수 있을 것이다. 현재 해운대제일교회 HJ토요학교의 학생 구성 비율을 보면 불신자 학생들이 30%를 차지하고 있다. 주변의 입소문과 외부 광고를 통해 신청을 하고 오는 학생들이다. 이 아이들이 자연스럽게 주일에도 교회에 올 수 있도록 토요학교 시간에 주일학교 사역자들이 와서 자연스럽게 인사도 하고, 개강예배와 종강예배를 통해 예배를 아이들이 함께 예배를 드릴 수 있도록 함으로서 교회의 문턱을 낮추고 있다.

실생활에 도움이 되는 프로그램

토요학교는 6개 교실 13개 반으로 운영되고 있고 약 90여명이 등록되어 있다. 창의 교실, 체험교실, 영어교실, 수학교실, 음악교실, 스포츠교실이 진행되고 있다. 세부적으로는 창의 1, 2반, 영어 유초등A, B반, 중등A, B반로 나뉘어져 있으며, 스포츠교실의 경우 풋살,

축구, 배드민턴, 탁구 이렇게 4개 반이 진행되고 있다. 이 모든 프로그램에 20명의 교사가 섬기고 있다. 창의 교실에서는 초등학생을 대상으로 클레이아트, 종이접기를 한다. 체험교실은 초등학생 대상으로 학생들이 희망하는 다양한 장소를 방문해서 실제적인 체험학습을 한다. 직업 체험, 해양체험, 박물관, 영화관람, 미군부대 방문 등이다. 영어교실은 초등학생 4학년부터 중학생을 대상으로 한다. 동일한 주제를 가지고 어휘코스, 낭독코스, 쓰기코스, 원어민과 대화코스의 4단계를 거치며 영어를 자유롭게 말할 수 있도록 한다. 이 과정은 연간 148시간의 영어 집중 과정이다. 수학교실은 초등학생 4학년부터 중학생을 대상으로 맞춤식 개인 지도를 한다. 음악교실은 실제 음악 활동을 통하여 재미있고 즐거운 삶을 누리도록 한다. 음악의 기초인 악보 보는 법, 좋은 발성법과 호흡법을 배우고 학생 수준에 맞는 곡을 선택해서 실제로 노래하도록 지도를 한다. 이와 함께 문화공연을 직접 관람하고 악기를 배우고 연주하는 것도 지도한다. 스포츠교실은 축구, 풋살, 배드민턴, 탁구의 종류가 있다. 특별히 스포츠교실 안에 있는 스트레칭 수업의 경우 독립적인 교실이 아니라 모든 교실의 아이들이 시간을 나누어 1시간씩 한다. 스포츠교실의 경우 9시부터 한 시간 동안 스트레칭 수업을 한 후 외부 체육시설로 수업을 하러 나가게 되고, 실내교실인 영어와 창의교실의 경우 수업 중간에 와서 1시간씩 키크는 스트레칭을 받고 다시 실내수업을 진행하게 된다. 모든 학생들이 스트레칭을 하는 이유는 신체적, 정서적, 사회적 안정과 성장발달 때문이다. 아동 및 청소년기가 신체적, 정서적, 사회적으로 성장하는 시기인데 부족한 신체활동과 영양불균형으로 비만, 저체중, 가족 스트레스로 불안정하다. 그래서 다양한 스트레칭을 모든 학생들이 1시간 정도 활동을 하여 불안정한 부분을 보완하고 즐거운 운동을 통해 올바른 성장발달을 도우려고 했다.

교회가 감당할 수 있는 만큼만

토요학교를 시작하면서 가장 큰 어려움은 봉사자를 확보하는 것이었다고 한다. 전반기에 120명 정도가 등록을 했는데, 교회가 감당할 수가 없었다. 그래서 2학기 때 90명 정도로 줄였다. 토요학교를 시작하면서 교회가 감당할 수 있는, 봉사자가 감당할 수 있는 것을 고려해서 해야 한다고 했다. 교회의 상황과 여건을 분명하게 파악하고 주변 환경과 필요를 조사한 후에 규모와 프로그램을 정하는 것이 중요하다. 그래서 아무리 다른 교회에서 잘 되는 프로그램이라고 하더라도 자신의 교회에 맞는 것으로 시작하는 것이 좋다.

"아이들이 원하는 프로그램이 무엇인지 그리고 학부모님들이 원하는 프로그램이 무엇인지 시작 단계에서 확실하게 조사를 해야 합니다. 우리 교회에서도 준비 단계에 전 주일학교 학생들과 부모님을 대상으로 토요학교에서 개설하기를 원하는 프로그램을 조사했습니다. 결국 프로그램을 만들어 놓고 거기에 학생들이 맞추도록 하는 것이 아니라, 처음에는 학생들이 원하는 프로그램에 저희가 맞추어 가는 방식으로 접근해가는 것이 시작단계에서는 필요하다고 생각합니다."

보완할 점을 찾아서

첫 학기를 마치고 여름 내내 릴레이 회의를 통해 보완할 점들을 찾았다. 그래서 여름동안 매 주 회의를 했고, 여러 가지 점들을 보완하고 다시 2학기를 시작하게 했다. 하지만 여전히 아직 보완해야 할 점들은 존재하고 있다. 특히 토요학교의 정체성 문제다.

"우리가 운영하고 있는 토요학교는 일반 토요학교와는 달리 교회에서 운영되어지고 있는 토요학교입니다. 그러므로 분명 일반 사설 토요학교와는 달라야 합니다. 그 차이는 바로 교회교육에서 나타나야 한다고 생각합니다. 그래서 앞으로 토요학교에 교회교육 프로그램을 접목하는 방안을 연구하고 있습니다. 이 교회교육 프로그램을 현재 각 부서별로 진행되고 있는 제자훈련과 어떻게 연계할지 또는 차별화할지에 대해서 논의하고 있는 중입니다. 그리고 학생들의 요구가 들어오고 있는 교실에 대해 저희 교회에서 할 수 있는지에 대

한 검토가 이루어지고 있는 프로그램들이 있는데, 교회의 여건상 할
수 있다고 판단되어지면 진행할 예정입니다."

새롭게 시작한 토요학교가 해운대제일교회가 꿈꾸는 토요학교가
되기 소망한다.

2부

토요학교,
이 프로그램을 활용하라

Chapter 9

삐뚜바로마음학교

말씀으로 하나님의 형상을 회복하는 성품(聖稟)교육

바람직한 인간성 함양을 위한 성품(性品)교육은 이제 그만!
교회에서는 말씀을 가르치고, 말씀으로 회복되어야 한다.

삐뚤어진 마음을 말씀으로 바로 잡아주는 학교, '삐뚜바로마음학
교'(김옥순 소장)는 2007년 시작된 말씀성품교육 전문학교다. 삐두
바로마음학교는 ㈜주빌리에서 운영한다. ㈜주빌리는 이 땅의 무너
진 교육을 말씀으로 회복시키기 위하여 설립됐다. 이 땅의 기독교교
육이 영향력을 강하게 작용하지 못하는 것은 말씀을 바로 가르치지

않기 때문이라며 ㈜주빌리는 전 세대가 먼저 말씀을 알고 말씀을 통해 우리가 어떻게 살아가야 하는지 가르쳐 지키기 운동을 펼치고 있다. 삐뚜바로마음학교는 삐뚤어진 우리의 모든 현재의 모습들을 태초에 하나님께서 지으시고 보시기에 좋았던 모습으로 바르게 돌려놓는 운동이다.

성품의 필요를 느끼고

오랜 시간 동안 유아 · 유치 교육과정을 만들며 교재 개발을 했던 김옥순 소장은 1998년 신앙으로 아이를 양육하는 곳이 거의 없다는 것을 알았다. 왜 신앙으로 한글을 가르칠 수 없고, 영어를 가르칠 수 없는지 궁금했다. 하나님의 말씀에는 무궁무진한 콘텐츠가 있는데 왜 개발을 하지 않을까 생각했다. 당시 말씀과 관련된 교재는 사회와 비교해 보면 너무 빈약했다. 하나님의 말씀을 가르치는 곳이 세상의 어떤 것보다 더 좋아야 하는데 현실은 그렇지 못했다. 그때 김옥순 소장은 아이들에게 말씀을 가르치는 것을 만들어서 하나님께 드리겠다고 약속했다. 그리고 2007년 말씀 가르치기와 그것을 삶에 적용하는 말씀성품교육을 시작했다.

처음 말씀성품교육을 시작한 것은 말씀만으로 하나님을 가르치고 양육하는 사람을 돕고 싶은 마음이었다.

"이 일을 시작할 때 홈스쿨러와 기독교대안학교를 찾아다녔습니다. 말씀만으로 하나님을 가르치고 양육하는 사람들을 돕고 싶었습니다. 어떤 것이 필요한지 조사를 했습니다. 그때 성품이 부족하다는 것을 알았고, 그것을 채워줘야겠다고 생각했습니다."

김옥순 소장은 성품에 대해서 연구하면서 말씀으로 성품을 가르치지 못하고 있는 현실에 실망을 했다고 한다.

"우리의 모든 성품은 하나님께로부터 왔는데, 성품교육에 하나님이 없었습니다. 관련 책들이나 세미나에서도 하나님의 성품은 없었습니다. 세상에서 이야기하는 윤리 교육과 똑같았습니다. 윤리를 성품이라고 불렀습니다. 그래서 처음 시작한 것이 바로 우리의 색깔을 내는 것이었습니다."

하나님께서 처음 인간을 만드셨던 그 형상으로 회복하는 것에 모든 초점을 맞췄다. 그리스도인의 성품교육에 하나님을 빼놓고 생각할 수도, 느낄 수도 없다. 말할 수도 행동할 수도 없다. 신앙과 삶의 일치가 중요했다. 삐뚤어진 우리의 마음과 모습을 바로 잡아야겠다는 생각으로 이름도 '삐뚜바로마음학교'라고 정했다.

성품(聖稟), 말씀을 토대로

삐뚜바로마음학교는 말씀에 기초한 성품교육을 두고 있다. 말씀성품교육이 일반 성품교육과 다른 점은 하나님의 형상회복을 목적으로 한다는 점이다. 아래 표에서 보듯이 그리스도인의 성품교육은 반드시 하나님을 알아야 하고 성령의 도우심까지 있어야만 가능한 영역이다. '성격 성'(性)자를 사용하는 성품은 인간으로서의 됨됨이를 가르치는 교육이다. 하지만 '거룩한 성'(聖)자는 반드시 하나님에 대해 알아야 한다. 그렇기 때문에 그리스도인의 성품교육은 철저한 말씀교육이 되어야 한다.

말씀을 배우고 그래도 사는 우리의 노력과 성령께서 주시는 성령의 열매를 사모하며 성령님의 개입하심으로 인해 성화의 삶을 추구하는 교육이 바로 말씀성품교육과정이다. 이것이 바로 교회 안에서 일어나야 하는 교육이다.

〈성품의 단계〉

〈성품(性品)교육과 성품(聖稟)교육의 차이〉

	성품(性品)교육	성품(聖稟)교육
목표	바람직한 인간성 함양	하나님의 형상 회복
관계	인간과의 관계 교육	하나님과의 관계 교육
훈련영역	지, 덕, 체의 조화로운 발달	영, 혼, 육의 조화로운 발달
가치의 기준	사회의 합의된 가치기준	성경말씀의 가치기준
교육방법	습관을 중요시 여기고 가르침과 훈련을 통해 습득	은혜를 중요시 여기고 성령님의 개입으로 점진적 성화

12가지 성품으로

삐뚜바로마음학교에는 12가지 성품(경청, 순종, 사랑, 감사, 용기, 인내, 정직, 배려, 협동, 나눔, 용서, 지혜)으로 3년 또는 2년 과정으로 가르칠 수 있도록 했다. 한 성품을 3개월 정도 꾸준히 해야만 제대로 성품교육을 할 수 있기 때문에 단기간에 프로그램을 끝내려고 하면 안 된다.

모든 성품에는 8주 과정의 소주제가 있다. 매주 성품에 대한 개념에 따라 성경이야기를 하고, 코너학습을 통해 토론과 사고, 흥미로운 활동프로그램으로 성품수업을 진행한다. 코너학습에는 3단계가 적용된다. 먼저, 하나님의 성품을 심도 있게 배우고 토론한다. 두 번째, 내 삶에 적용하며 나를 돌아보는 시간을 갖는다. 세 번째, 공동체 안에서의 관계 교육을 통해 성품이 세워지도록 한다. 수업시간은 약 2시간 정도 소요된다.

김옥순 소장은 이 교육을 통해 많은 아이들이 하나님의 형상을 닮아가는 모습을 보면서 흐뭇하다고 전한다. 또한 교회에서 토요학교 프로그램으로 말씀성품교육을 하기 위해서 가장 중요한 것으로 교사의 마음 자세를 말한다.

"말씀성품교육은 교사의 자세가 중요합니다. 교사가 먼저 6개월 정도 이상 준비해야 합니다. 쉽게 생각하고 시작했다가 중간에 그만두는 분들을 많이 봤습니다. 그 이유는 단순히 지식을 전달하는 것이 아니라 하나님의 형상으로 회복하는 것을 전하는 것이기 때문에 교사가 먼저 하나님의 형상으로 회복되어야 하기 때문입니다. 그렇지 않으면 아이들이 변하지 않습니다."

교사의 삶 가운데 회복이 필요하기 때문에 헌신과 열정이 있는 교사가 아니면 안 된다. 그래서 교사교육을 철저히 하고 있다. 교사들이 훈련을 통해 먼저 하나님의 형상으로 회복하도록 한다. 말씀을 가르치는 자리가 얼마나 중요한 자리인지 인식시키는 것이 필요하기 때문이다.

맞춤식 교재를 사용

삐뚜바로마음학교 교재는 기본 틀은 동일하지만, 지역마다 교회마다 특성에 맞게 교재를 만든다. 그 이유는 성품 중에서 특별히 강조해야 하는 부분이 다 다르기 때문이다. 예를 들어 어려운 지역이나 편부편모가 많으면 그 부분에 집중하고, 활동도 더 많이 하도록 한다. 이렇게 교회에서 말씀으로 아이들을 가르침으로 삐뚤어진 마음과 삶을 바로 세울 수 있다.

교회에서 토요학교 프로그램으로 말씀성품교육을 원한다면 삐뚜바로마음학교(http://cafe.naver.com/jubille0330, 031-567-2578)로 연락하면 된다.

〈경청 수업 교육의 예〉

Subject	character skit	character center		
		Love God!	Love me!	Love You!
1 경청은 하나님의 성품	사무엘의 경청	하나님과 대화시간! 기도알기	쫑긋 귀! 반짝 눈!	경청자세/ 경청 미로길
2 경청과 순종의 관계	노아의 방주	세상에 가득한 내 맘대로 죄 (검은콩/흰콩)	경청토크타임	경청 종이배 미션
3 스승의 가르침과 경청 친구에게 경청	예수님과 12제자	내 안의 하나님 형상	학교에서의 경청	경청 귀 만들기 선생님 역할놀이
4 지도자의 덕목 경청	모세의 경청	하나님을 섬긴 지도자	나를 향한 사랑의 충고릴레이	엄마 아빠 들어주세요! 경청영상 메시지
5 경청하는 생활습관	예수님의 경청	예수님~ 궁금해요 질문나무	경청! 음악감상	경청 빙고게임
6 공감적 이해와 경청	사마리아 여인	어려운 이웃 의 마음듣기	오늘 내 마음은?	사마리아 여인 체험
7 경청과 말하는 태도	욥의 친구들	하나님이 기뻐하는 언어	나를 소개해요	버려야 할 꼬리말 얻어야 할 꼬리말
8 다툼과 경청	고린도전서를 통한 바울의 권면	그리스도의 향기 나는 편지	좋은 소리 & 나쁜 소리	평화로운 소리 편지 (핸드벨 연주)

※ 경청 첫 번째 수업 〈경청은 하나님의 성품〉 교사 가이드 북은 홈페이지
를 통해서 볼 수 있습니다.

Chapter • 10

쉐마학당연구원

부모가 직접 자녀에게 말씀으로 신앙을 전수하라!

청소년의 문제는 학교교육과 가정교육의 붕괴 때문
말씀을 통한 신앙 전수만이 가정과 교회가 회복

오늘날 청소년은 어느 세대보다 힘겨운 삶을 살고 있고, 청소년 문제는 이제 사회 문제까지 확대되었다. 청소년 문제의 원인 중 학교교육 현장의 붕괴와 가정의 붕괴는 큰 비중을 차지한다. 학교에서는 인성교육이 차지하는 비율이 점점 줄어들고 있다. 실제로 교육과학기술부가 2011년 3,221개의 중학교 1학년 교육과정시수 증감현황을 조사해 보았더니 도덕과목의 수업시간을 줄인 학교가 무려 1,064곳이나 되었다. 그에 비해 수학은 1,756곳, 영어는 무려 2,375곳이 시간을 늘렸다.

〈2011년 중학교 1학년 교육과정시수 증감현황〉

과목	국어	수학	영어	도덕
3년간 이수 기준(시간)	442	374	340	170
증대학교(개)	146	1,756	2,375	42
감축학교(개)	565	28	19	1,064

총 3,221개학교, 자료:교육과학기술부

청소년 문제는 인성교육의 붕괴 때문에

이유는 대학입시 때문이다. 이것은 청소년의 가치관 변화에도 영향을 준다. 행복의 조건 중 "돈"과 "가족"이 차지하는 비율이 학년에 따라 어떻게 달라지는지 보여는 주는 한 예가 있다(매일경제신문 2011.6.22.). 초등학교 4학년은 행복의 조건으로 54.4%가 가족을 선택했는데 고등학교 3학년은 20.5%가 가족이다. 행복의 조건으로 돈을 선택한 비율은 초등학교 4학년이 3.1%였지만 고등학교 3학년은 26%로 올랐다. 이처럼 입시 정책 교육으로 인성교육의 기회는 점점 줄고 학교폭력, 청소년 자살, 왕따, 교권 붕괴 등 교육현장붕괴가 가속화 되고 있다.

학교뿐만이 아니다. 가정의 붕괴는 더 심각하다. 인성교육은 어렸을 때부터 가정에서 이루어져야 하는데 가정이 그 역할을 못한다. 급증하는 이혼과 결손 가정 등 가정이 몸살을 앓고 있다. 가족 구성원이 모두 바빠서 함께 식사할 시간이 없는 것이 요즘 우리나라의 가정이다. 부모 자녀 사이에 대화가 많을 때 자녀의 집중력이 향상된다는 연구 결과가 있다. 집중력과 학업성취도는 높은 상관관계를 가진다(EBS 다큐멘터리 〈학교란 무엇인가〉). 그러나 최근 남자 직장인 1,048명을 대상으로 가족과의 대화 시간에 대해 설문조사한 결과 응답자 중 42.9%가 "자녀와 대화가 어렵다"고 답했다. 또 하루 평균 가족과의 대화 시간이 30분 미만은 39.3%, 1시간 미만은 40.7%였다. 80%의 아버지가 자녀와 대화하는 시간이 1시간이 채 되지 않는 것으로 조사됐다(매일경제신문 2011.6.22.).

이 문제는 그리스도인의 가정에도 동일하게 적용된다. 교인들의 가정이 흔들리고 있다. 부모의 신앙이 다음세대인 자녀에게 잘 전수되지 못하고 있다. 이 때문에 여러 기관에서 가정 살리기 운동을 하고 있지만 가정을 회복하기는 그리 쉽지 않다. 하지만 지금 이 시대에 꼭 필요한 것은 바로 부모가 직접 자녀에게 말씀으로 신앙을 전수하는 것이다. 그래서 쉐마학당연구원(설동주 원장)에서 주일교육과 함께 토요학교를 열었다.

쉐마학당으로 가정이 변해가고

쉐마학당연구원은 신명기 6장 4~9절의 말씀처럼 자녀에게 신앙을 잘 전수하고 교육해야 한다는 점에 기초하고 있다. 아무리 강단이나 가정에서 말씀과 신앙으로 전수해야 한다고 외치지만 교인들은 "어떻게?"라는 질문을 한다. 그래서 어떻게 해야 하는지 그 방법을 제시했다. 쉐마학당연구원은 과천약수교회(설동주 담임 목사)의 재정결산보고서를 보고 교회학교의 문제점을 발견하면서 시작됐다. 교육부 재정결산보고서에서 교회학교 재정 중 지나치게 먹는 것과 선물비에 편중되어 있는 것을 보고 왜 말씀을 중심으로 하고 교육으로 교회학교를 성장시킬 수 없을까 고민했다. 그리고 2010년 4월부터 주일 쉐마교육을 시작했고, 1년 후 2011년 4월에 쉐마학당을 개설했다.

처음 개설한 쉐마학당 토요학교에는 20여 가정으로 시작했다. 그리고 참여하는 가정의 입소문이 나면서 지금은 40여 가정이 참여하고 있다. 지금까지 약 65개의 주제를 진행했고, 꾸준히 참여한 가정은 실제적인 효과를 맛보고 있다.

매주 토요일 가정별로 모여 말씀과 지혜를 전수한다. 자녀들이 사용하는 교재와 부모들이 사용하는 교재를 다르게 하고 부모에게 한 주 전에 미리 공부해서 준비하도록 한다. 부모가 특정 주제를 가지고 가르치고, 자녀와 대화하고 토론을 하는 방식으로 하기 때문에 처음 시작하는 가정은 힘들어 한다. 하지만 포기하지 않고 두 달 정도 참여하면 부모가 능숙한 교사가 된다. 자녀와 소통이 이루어지고 부모와 자녀 간에 이해가 깊어진다. 이렇게 쉐마학당 토요학교는 교회와 가정의 징검다리 역할을 한다. 가족 모든 구성원이 함께 참여하기 때문에 가정에서 계속 교육이 이루어져 교육 효과가 더 높다.

쉐마학당연구원에서 진행하는 토요학교는 약 1시간 정도 소요된다. 짧은 시간이지만 매주 진행하는 이곳에서는 실제로 가정에서 변화들이 일어나는 고백들이 나온다. 과천약수교회 임소연 집사는 다음과 같이 말한다.

"시간이 지날수록 아이가 변하기 시작했습니다. 토요쉐마학당에서 배워가는 말씀을 통해 아이의 일상은 회개의 시간으로 바뀌고, 자신을 뒤돌아봤습니다. 그리고 하나님의 말씀을 바르게 받기 시작했습니다."

아이뿐만이 아니다. 부모도 변한다. 김진영 집사는 토요쉐마학당을 통해 자신이 서서히 변화됐다고 고백한다.

"말씀을 가르치고, 자기들에게 이러이러하게 살자고 다짐한 엄마는 정말 말씀대로 살까 하고 바라보는 눈이 있어서인지, 저도 아이들과 나눈 말씀대로 살려고 더 애쓰게 됩니다."

이렇게 부모와 자녀의 동시적 변화를 통해 서로를 깊이 이해하고 단절된 소통을 회복된다.

쉐마학당은 단순한 가정 회복을 넘어 성경적 지혜와 삶의 지혜, 그리고 품성과 예절과 실력을 갖춘 명품 자녀를 양육한다. 성경을 통해 지혜의 눈이 밝아진 아이들은 세상 학문에서도 빛을 내게 된다. 성경적 가치관과 세계관을 부모로부터 전수 받은 자녀들은 왜 공부해야 하는지, 어떠한 사람이 되어야 하는지 동기부여를 받는다. 자세한 문의는 쉐마학당연구원(www.shemaedu.co.kr, 02-503-5050)으로 하면 된다.

복음의 물결이 흘려 넘치길

토요쉐마학당은 말씀전수운동, 가정회복운동, 지혜전수운동이다. 지금 그 효과가 나타나고 있지만 본격적인 결실은 지금 자녀들이 부모가 되는 10년, 20년 후가 될 것이다. 원장인 설동주 목사는 다음과 같이 쉐마교육의 필요성을 강조한다.

"지금 한국교회에 하나님의 말씀과 신앙을 자녀에게 전수하는 일에 힘써야 합니다. 이 일을 위해서 쉐마학당은 교회와 가정을 이어주는 가교 역할을 충실히 행할 것입니다. 교회와 가정이 연합하여 말씀으로, 신앙으로 아이들이 세워지도록 한다면 한국교회는 물론 한국사회에 큰 변화가 이루어질 것입니다."

설동주 목사의 바람처럼 쉐마교육을 통해 대한민국이 복음의 물결로 넘쳐나기 기대한다.

쉐마학당 토요학교 진행 순서

① 시작 전 질문(5분)

교역자가 전체 자녀들에게 질문한다. 질문은 주제와 관련하여 관심을 일깨우는 내용이다.

② 도입질문(5분)

다루는 주제와 간접적으로 연관되는 질문을 통해서 부모 자녀간 대화와 소통을 하기 위한 질문들이다.

③ 성경읽기(10분)

질문 및 토론의 텍스트인 성경본문을 자녀와 함께 읽는다.

④ 내용설명(10분)

자녀에게 성경본문의 배경, 내용, 핵심 등을 부모가 설명하는 시간이다. 교안 뒷부분에 있는 참고자료를 이용하여 설명한다. 참고자료1은 성경본문의 주석이나 주해이고 참고자료2는 주제를 뒷받침하는 예화나 주제와 관련된 읽을거리다.

⑤ 질문 및 토론 & 핫(Hot) 토론(15분)

성경본문을 가지고 탈무드식 토론(Talmudic debate)을 하는 시간이다. 교안이 제공하는 7-8개의 메인 질문뿐 아니라 필요한 경우에는 부모가 보조질문을 직접 만들어 자녀에게 끊임없이 질문하고 자녀는 대답하고, 혹은 자녀가 부모에게 질문하고 서로의 의견을 개진하고 토론함으로써 성경본문을 통해서 말씀하시는 하나님의 음성을 더 깊이 이해하고 성경 지식과 지혜를 연마하는 시간이다.

핫(Hot) 토론은 쟁점이 되는 두 가지 주장을 제시하고 어떤 주장이나 생각이 더 논리적이고 합리적인지를 토론해보는 시간이다.

⑥ 마무리질문 & 칭찬 및 바람말하기(I-message)(5분)

마무리질문은 적용질문이다. 구체적으로 삶에 적용할 수 있도록 도움을 주는 질문이다. 그리고 이어서 부모와 자녀가 서로를 칭찬하고 서로의 바람을 말한다. 이때 고민이나 필요한 도움, 바라는 점 등을 I-message로 서로에게 말한다.

⑦ 암송발표 및 시상 & 인사교육 & 쉐마송 제창 & 구호제창

집에서 암송을 해 온 사람의 발표 시간을 가지고, 지난주에 이미 발표한 사람을 시상한다. 부모가 외출할 때나 집에 돌아올 때 등의 경우에 맞게 인사교육을 실시하고 쉐마송을 부르고 구호를 제창하고 쉐마학당을 마무리한다.

암송 10가지

어렸을 때 외운 말씀은 평생 잊지 않는다. 말씀 암송교육의 중요성은 의심의 여지가 없다. 고등학생 자녀와 함께 쉐마학당에 참여하는 어머니가, "성경 암송은 집중력과 암기력을 더 향상시켜, 처음 암송을 시작할 때는 어려웠지만 지금은 성경암송이 제일 쉬어졌다고 자녀가 말할 정도입니다. 모른 사람과도 대화를 잘하고, 적극적이고 솔직하게 자신을 표현하면서 남들과 좀더 친밀하게 대화를 이끌어 가게 되었습니다."라고 말한다.

〈쉐마학당에 참여하는 자녀들이 암송해야 할 것, 10가지 주제〉

1. 성경암송이 주는 10대 효과
2. 자녀가 지켜야 할 20가지 예의법
3. 식사자리 예절
4. "효" 관련 고사성어 10가지
5. 사자소학
6. 록펠러의 삶의 지침 10가지
7. 탈무드 명언 20가지
8. 그리스도인이 해야 할 것 하지 말아야 할 것
9. 부모 공경 성구 15가지
10. 영어 주기도문

〈록펠러의 삶의 지침 10가지〉

1. 하나님을 최고로 섬겨라.
2. 목사님을 하나님의 종으로 알고 섬겨라.
3. 예배시간에는 앞자리에 앉아라.
4. 오른 쪽 주머니는 십일조 주머니로 알고 하나님을 위한 돈을 넣어라.
5. 하루를 기도로 시작해라.
6. 주일 예배는 반드시 본 교회에서 드려라.
7. 아무와도 원수를 맺지 말라.
8. 남을 도울 수 있는 대로 도와라.
9. 아침밥 먹기 전에는 성경부터 읽어라.
10. 잠들기 전에는 기도로 하루를 마무리해라.

Chapter 11

정철영어성경학교(JEBS)

아이들에게 영어로 복음을 전하세요

JEBS는 영어학원이 아니라 복음을 전하는 곳

교사는 영어 실력이 아니라 믿음과 성실성으로

지역교회와 선교 현장의 부흥을 꿈꾸며 성경적인 영어교육 콘텐츠를 보급하고 영어성경학교를 이끌어 갈 양질의 교사를 양성하고 있는 정철영어성경학교(JungChul English Bible School, 이하 JEBS, 정철 대표)는 큰 비전을 꾸고 있다. 다음 세대인 교회학교 부흥, 전도와 선교, 하나님 나라 확장이다. 이를 위해서 정철연구소에서 영유아에서부터 장년에 이르기까지 각 연령기에 적합한 성경적 영어교육 콘텐츠를 개발하고, 이를 교사대학을 통해 교회에서 운영할 수 있도록 돕고 있다.

빠져나가는 아이들을 잡기 위해서

JEBS는 아주 작게 시작됐다. 2008년 정철 대표가 출석했던 주님사랑의교회에서 영어예배를 드렸다. 처음에 40-50여 명 정도 모였지만 시간이 지나면서 거의 모든 아이들이 다 빠져나갔다. 그 이유는 영어예배는 영어가 편한 사람들이 모여서 예배를 드려야 하는 데 3명 정도만 영어를 자유롭게 사용했고, 나머지는 다 영어를 배우러 온 아이들이었다. 그래서 영어예배를 살리기 위해 정철 대표가 맡았다.

"처음에 잘 안 되는 영어예배를 회복시켜 달라고 했는데, 이것은 그렇게 해서는 안 될 것 같았습니다. 그래서 주일에 어떻게 교육하고 있는지 사전조사를 했습니다. 아이들에게 뭔가 재미있게 하는 것 같은데 복음을 전하는 것이 좀 약하다는 것을 느꼈습니다. 그래서 영어를 배우러 오는 아이들에게 영어로 복음을 가르치면 좋겠다고 생각했습니다. 그래서 제가 직접 프로그램을 만들어서 가르쳤습니다."

이렇게 시작한 것이 JEBS의 효시인 〈Who Made World〉다. 정대표가 예상했던 것보다 아이들이 영어도 향상되고 복음이 들어가

니까 아이들의 삶에도 변화가 왔다. 이렇게 시작한 JEBS는 지금까지 4,300명 정도 교사교육을 받았고, 2,000여 교회에서 이 프로그램을 진행하는 것으로 추정하고 있다.

모든 사람이 쉽게 가르치고 배울 수 있도록

JEBS는 어떤 목표를 가지고 지금까지 온 것이 아니다. 교회 현장의 필요에 따라 교재를 개발하고 교사가이드를 제공하고 있다. 교회에 보급을 시작한 것도 교회에서 영어로 복음을 전하자 영어와 함께 삶이 변화되는 것을 보고, 온 교회가 함께 해야겠다고 생각해서 더 연구해서 보급했다.

"제가 직접 가르칠 때는 강사 의존도가 80%이상이었습니다. 그런데 교회에서 교사들이 가르칠 때는 강사의 영어 수준과 상관없이 동일한 효과를 내기 위해서 교재와 가이드의 완성도를 높이는 것이 중요했습니다. 그래서 나온 것이 바로 2010년 11월에 나온 〈Who Made World〉입니다."

〈Who Made World〉는 1년 동안 하나님께서 태초에 이 세상을 만드신 것부터 시작해서 아담과 이브의 범죄, 그로 인해 우리가 죽을 수밖에 없다는 사실과 지옥으로 가야만 하는 것을 가르친다. 그런데 하나님께서 인간을 사랑하셔서 예수님을 보내주셨고, 예수님께서 우리의 죄를 감당하시려고 십자가에 돌아가시고 부활하셨다는 것을 알려준다. 그래서 우리가 그 예수님을 믿으면 우리의 죄가 사해지고 천국에 갈 수 있다는 아주 기본적인 복음의 메시지가 담겨 있다.

결과는 성공적이다. 전국 각지에서 교사 훈련을 받기 위해서 찾아왔고, 벌써 77기의 교육까지 마친 상태다. 재미있는 것은 교사 훈련을 받으러 오는 교사들이 대부분 영어에 한이 맺힌 사람들이다. 영어에 전문성을 가진 교사는 2-3%정도 밖에 되지 않는다. 이런 사람들을 3일 동안 훈련시켜서 각 교회로 보냈는데, 아주 잘 한다는 소식들이 들려왔다.

교회의 요청으로 개발한 프로그램

지금 JEBS에는 5개의 프로그램이 있다. 이 프로그램들은 교회의 요청에 의해서 연구소에서 직접 개발한 프로그램들이다. 유치원생을 위한 〈Hello, Father!〉, 초등학생을 위한 〈Who made the world!〉와 〈Jesus Story〉, 중고등학생 이상을 위한 〈요한복음으로 영어끝내기〉와 〈God's plan of Salvation(이하 GPS)〉가 있다.

〈Hello, Father!〉는 2012년 6월에 나온 프로그램으로 애니메이션이다. 이 프로그램도 초등학생용인 〈Who Made World〉에 참석한 유치원생들이 제대로 수업을 따라가지 못해서 각 교회에서 유치원생들을 위한 프로그램을 만들어달라는 요청 때문에 만들어졌다. 〈Jesus Story〉도 〈Who Made World〉를 수료한 아이들에게 다음 단계를 요청해서 예수님의 생애를 다룬 내용으로 2년 과정으로 만들었다.

〈요한복음으로 영어끝내기〉는 중학생 이상을 위한 프로그램이다. 요즘 청소년은 사회뿐만 아니라 교회에서도 큰 문제다. 주5일 수업제가 되면서 입시학원 때문에 교회에 오지 않는 아이들이 많아졌다. 그래서 정 대표는 교회에 오게 하는 방법으로 '일반 사회에서 줄 수 없는 그런 교육을 교회에서 주자' 라는 생각을 했다.

"그때 마침 극동방송에서 '요한복음, 영어로 듣고 말하기'를 1년 정도 하고 있었습니다. 요한복음은 성경 66권 중 복음의 메시지를 전하는 데 아주 좋은 성경입니다. 그래서 요한복음을 교재로 영어를 가르쳐야겠다고 생각하고 2년 과정으로 〈요한복음으로 영어 끝내기〉를 만들었습니다."

정 대표는 청소년들과 상담을 하면서 그들에게 공부가 얼마나 중요한 자리를 차지하고 있는가를 새삼 느꼈다고 말한다.

"문제가 있는 아이들과 함께 이야기를 하다보면 결론은 공부입니다. 공부가 잘 안 되니까 이탈을 하게 되더군요. 그래서 제가 아이들에게 '만약 공부를 잘 한다면 어떻게 될까' 하고 물었습니다. 그랬더니 아이들이 자신의 삶이 변할 것이라고 말합니다. 이 욕구를 채워주고 싶었습니다."

이렇게 시작된 〈요한복음으로 영어끝내기〉는 초등학교 5학년부터 성인에 이르기까지 많은 연령층에서 진행하고 있다.

〈GPS〉는 초등학생용인 〈Who Made World〉를 중학생 이상의 수준으로 만든 복음 메시지 프로그램이다. 특히 해외선교에 나가는 선교팀에게 아주 좋은 프로그램이다.

"선교하러 가서 누구를 만나더라도 복음을 전해야 된다고 생각합니다. 그런데 해외로 선교하러 간다고 하는데 아무 것도 무장하지 않고 나갑니다. 봉사하고 하나님의 사랑을 실천하는 것도 좋지만 성경에 믿음은 들음에서 난다고 하잖아요. 짧은 시간이라도 복음을 전해야 되지 않을까요? 그래서 복음의 핵심적인 메시지를 담아서 만들었습니다. 그리고 지금 중국어와 일본어로 된 교재를 만들고 있습니다."

교사교육을 철저히

JEBS에서는 교사교육을 철저히 한다. 매일 강남의 교육 장소에서 60-100명 정도 모여서 강조 높은 교육을 받는다. 영어의 수준이 높지 않더라도 언어를 가르치는 것이기 때문에 학습 매뉴얼을 제대로 익히지 않으면 현장에서 교육을 제대로 할 수 없기 때문이다. 그래서 출석시간, 과제물, 교육 실습(presentation)을 철저히 한다. 이렇게 해도 교사들의 열정이 뜨거워 매주 참여자의 90% 정도가 수료한다.

"JEBS 교사에게 가장 필요한 것은 영어 실력이 아닙니다. 우선 믿음이 좋아야 합니다. 믿음이 없으면 이 프로그램은 못합니다. 믿음과 신실성만 있으면 교사교육을 받고 각 교회에서 충분히 교실을 열고 아이들에게 가르칠 수 있습니다."

정 대표는 영어에 한(恨)이 있는 교사가 더 좋다고 말한다. 왜냐하면 스스로 영어를 정복하겠다는 생각으로 열심히 공부하면서 아이들을 가르치기 때문에 그 효과가 더 좋다고 한다.

지금까지 교사교육을 받고 교회에서 교실을 열어서 정착한 교회는 추정해서 약 90%라고 말한다. 10% 정도가 정착하지 못하는 것으로 보는데, 영어성경학교를 학원 분위기를 만든 곳은 100% 실패한다. 사회에서 하는 학원보다 더 나은 학원이 될 수 없기 때문에 학원 형식으로 운영하면 실패한다. 영어성경학교는 영어를 가르치는 학원이 아니라 복음을 외치는 곳이다. 언어를 영어로 한다는 것뿐이지 주목적은 복음의 메시지와 요한복음을 읽는 것이다. 복음을 영어로 외치기 때문에 귀가 뚫리고, 입이 열린다. 사람들이 말할 수 없는 영적인 힘이 나온다. 하나님께서 언어를 만드셨기 때문이다. 그래서 하나님의 말씀을 접하다 보면 자신도 모르게 언어를 습득하게 된다.

그리고 그와 함께 삶의 변화도 일어난다. 영어를 하려고 하면 그 의미를 제대로 이해할 수밖에 없다. 저절로 복음의 메시지를 마음속에 담는다. 일반 학원에서 영어를 가르친다고 아이들이 변하지 않는다. 하지만 영어정철성경학교에서는 믿음과 영어 두 마리 토끼를 함께 잡을 수 있다.

〈JEBS 영어 학습 과정〉

Hello, Father(1년)   유치원생
↓
Hello, Jesus(1년)   초등학생
↓
Who Made World(1년)
↓
Jesus Story(2년)
요한복음으로 영어끝내기(2년)
↓   중학생 이상
God' s plan of Salvation

영혼 구원과 교회의 부흥을 위해

JEBS는 10만 명의 교사를 배출해서 5만 교회에서 10만 명의 아이들에게 가르치는 것을 1차 목표로 삼았다. 이를 위해서 앞으로 교

사교육센터를 만들 큰 꿈을 꾸고 있다. 지금 강남에 있는 어학원 지하홀에서 교사교육을 하고 있는데 지방에서 올라온 교사들 대부분이 근처 찜질방에서 숙박하고 있다. 이런 어려운 형편을 잘 알기에 게스트 룸이 있는 공간과 좋은 교육 장소를 마련하려고 한다.

"제가 요즘 저의 삶을 돌아보면서 하나님께서 저에게 JEBS를 통해 교회를 섬기도록 40년 동안 영어 선생을 하도록 하셨다는 것을 느낍니다. 영어 선생을 안 하려고 애를 썼는데, 계속 이 길을 가도록 하시더니 결국 JEBS를 시작하게 하셨습니다. 그래서 더 많은 사람들에게 영어로 복음을 전하고 싶습니다."

JEBS와 정 대표의 소망처럼 JEBS를 통해 영어로 복음의 메시지를 전하여 영혼 구원과 교회의 부흥이 이루어지길 기대한다. 자세한 문의는 홈페이지(http://jebs.jungchul.com/SEBS/)와 02-3288-0531로 연락하면 된다.

Chapter 12

에듀프리즘

토요학교를 통해 미래형 인재를 양성하라

하나님께서 주신 다양한 은사를 발견하도록
주입식 교육에서 창의적 교육 프로그램으로

산업화시대에서 정보화시대로 사회가 바뀌었다. 정보화시대로 들어오면서 시대가 요구하는 인재에 대한 정의와 필요한 능력도 바뀌었다. 세계의 주요기업과 선진국들이 글로벌 경쟁력을 위해 인재에 대한 가치기준과 소양능력이 달라졌다. 그에 따라 교육의 방향과 정책도 달라지고 있다. 이러한 시대적 배경에 따라 미래사회에 필요한 인재를 미래형 인재라고 한다. 지금 사회에서는 현 교육정책과 시스템으로는 미래형 인재를 양성하는 데 한계를 느끼고 미래형 인재를 양성하는 새로운 정책과 시스템을 구축하고 있다. 사회는 이렇게 변화에 맞춰 새로운 정책과 시스템으로 변하고 있는데, 교회는 다음세대를 외치고 있지만 사회 변화에 자꾸만 늦어지고 있다. 이에 에듀프리즘은 두나미스 교육철학을 바탕으로 자신의 존재가치를 깨닫고 참여자 모두가 스스로 미래형 인재로 성장해 나갈 수 있는 다양한 교육커리큘럼과 미래형 포트폴리오 제작을 위한 교육 프로그램을 제공한다.

교회학교의 부족한 프로그램을 보고

에듀프리즘은 IT회사인 ㈜넥스와이즈(전훈 대표)에서 운영하고 있다. ㈜넥스와이즈는 기업 컨설팅과 기업 정보를 분석하고 기업에 솔루션을 제공하는 기업이다. 문화체육관광부에 컨설팅 의뢰를 받았는데, 청소년들에게 스포츠와 자기주도적 학습을 연계한 교육 프로그램을 만드는 일이었다. 모든 과정을 마치고 마지막으로 활동보고서를 만들어 문화체육관광부에 승인을 받는 것이었다. 이 프로그램에 2,000여 명의 아이들이 참여했다. 그런데 정작 보고서를 제출한 아이들은 3명이었다.

"그때 아이들이 소감문을 쓸 줄 모른다는 것을 알았습니다. 자신의 생각을 쉽고 다양하게 자신의 철학과 정체성을 전달할 줄 모릅니다. 그래서 본격적으로 연구해서 아이들이 직접 글도 쓰고 자기 계획서도 만들 수 있도록 했습니다."

또 기독교교육 관련 단체와 기독교대안학교 컨설팅을 하면서 교회학교의 부족함을 보고 영향을 주고 싶었다고 한다.

"교회에서는 이 정도면 만족한다고 말합니다. 교회에서 일정한 틀을 만들어 놓고 똑같은 결과물이 나오면 된다고 생각합니다. 하지만 모든 사람에게는 다양한 은사가 있지 않습니까? 그래서 2007년 청소년의 미래형 인재양성과 자기주도형 교육프로그램 계발을 위해 '에듀프리즘' 교육 연구소를 만들고, 지역사회와 함께하는 교회 프로그램을 고민했습니다."

6년 여 동안 개발한 프로그램을 운영, 사후 관리, 보고서 제작까지 모두 제공하는 프로그램들을 만들어서 곳곳에 제공하고 있다.

"프리즘은 빛을 통과하면서 무지개를 만듭니다. 하나의 빛이 아니라 다양한 빛이 나옵니다. 하나님께서 모든 사람들에게 다양한 능력과 재능을 주셨습니다. 하나의 주입식 교육이 아니라 다양한 교육의 결과가 나와야 합니다. 이것을 기초로 에듀프리즘을 시작했습니다."

두나미스 교육철학으로

지금 에듀프리즘에서는 두나미스 교육철학으로 다양한 프로그램을 진행하고 있다.

첫째, '두나미스미래캠프'다. 이 프로그램의 대상은 청소년이고, 개인의 존재가치를 깨닫고 하나님께서 주신 꿈에 대한 분명한 의식 함양을 통해 미래직업을 선택하고 이에 대한 구체적인 미래 활동 기획서 등 미래포트폴리오를 작성하도록 돕는다. 요즘 대학입시에 자기소개서가 필수다. 그런데 이 과정을 통해서 자기소개서뿐만 아니라 자신만의 포트폴리오를 만들 수 있다는 장점이 있다. 특히 이 프로그램을 통해 자신의 단점보다는 장점을 발견해서 그 장점을 개발할 수 있도록 도울 수 있다. 1일, 2일, 3일 프로그램으로 구성되어 있다. 교육 내용은 ① 개인별 심리유형 검사를 통한 자아 발견하기 ② 개인별 미래 직업정보 교육 — 나의 심리 유형을 통해 알아보는 맞춤형 직업교육 ③ 희망미래직업별 인터뷰 기획서 작성하기 ④ 자기소개서 작성원리 및 작성실습 ⑤ 미래포트폴리오 4종 작성하기 (나의인생굴곡그래프/ 자기능력자가평가그래프/ 나의 SWOT 분석하기/나의 이미지 소개서) ⑥ 미래신문 만들기 / 나의미래 (꿈의)신문 발행하기 / 나의 QR코드 만들기로 구성되어 있다.

둘째, '두나미스미래디자인학교'는 두나미스미래캠프의 심화 프로그램이다. 자신만의 미래포트폴리오를 단계별로 제작하여 체계적인 미래활동 보고서를 작성할 수 있도록 한다. 격주로 진행되고 총 8회의 교육과정이 있다. 교육 내용은 ① 나만의 포트폴리오 표지 만들기 ② 미래명함 만들기(개인별 실제 명함제작/QR코드 활용) ③ 개인별 미래신문 제호 및 제작기획서 만들기 ④ 미래형 포트폴리오 제작활동 I ⑤ 미래형 포트폴리오 제작활동 II이다.

셋째, '지구촌역사체험학교'는 초등학생, 청소년 모두 활용할 수 있다. 이 프로그램이 다른 체험학교와 다른 것이 있다면 스토리텔링과 미션 수행으로 체험활동을 하도록 한다는 점이다. 교사용 가이드와 학습자용 교재가 제공되고, 교육동영상 제공도 한다. 또 특별한 점은 체험활동이 끝나고 자신이 체험한 내용으로 역사신문을 만들고, 창의체험활동 보고서를 작성할 수 있다는 점이다. 이 프로그램은 매월 1회, 2회 토요프로그램으로 운영할 수 있다.

넷째, '성경기자학교'는 초등학생과 청소년 모두 가능한 프로그램으로 성경의 인물과 사건에 대해서 취재하여 기사를 쓰도록 하는 프로그램이다. 오전에 기자로써 소양교육을 하고 총 25가지의 미션을 제공해서 현장취재기자 리포터로 기사를 작성하도록 교육한다. 취재한 기사는 신문을 발급한다.

다섯째, '지구촌시민학교'는 청소년들을 위한 프로그램으로 토론형 학습, 자기주도형 인문학 교육 참여 프로그램이다. 매월 1회 정기모임이나 온라인을 통한 소통교육이다. 이 프로그램은 ① 오리엔테이션 ② 역사 ③ (다)문화 ④ 경제 ⑤ 국제사회의 이해 ⑥ 리더십캠프(전문가초청강연, 주제발표, 그룹토의) ⑦ 환경 ⑧ 미래가치 ⑨ 소통 ⑩ 융합 ⑪ 지구촌시민학교 수료식으로 진행된다. 이외 다양한 프로그램들이 있다.

전략적으로 토요학교를 실시하도록

교사교육은 공개특강과 교사양육 과정으로 나눠 진행하고 있다. 먼저 공개특강은 교회학교 토요프로그램 실무운영 전략세미나로 3시간 이상의 교육을 하고 있다. 1교시에는 교회학교 S.W.O.T 분석을 통한 전략수립을 한다. 교회학교 강점/약점/기회/위기 분석과 미래형 교회학교로의 변화의 필요성과 방향제시를 한다. 2교시에는 지역 사회와 소통하는 교회학교 만들기를 한다. 교회학교의 현실적 문제점과 대처방안을 말하고 지역 사회가 환영하는 교회학교 전문 프로그램의 계발에 대해 이야기한다. 3교시에는 교회학교 토요프로그램 운영실제 및 운영방법을 말한다. (미래형교회학교) 성경기자학교, 지역사회와 함께하는 지구촌역사체험학교 등 다양한 프로그램을 소개한다. 마지막 4교시는 교회학교 창의교육활동 선교사(토요학교 교사) 양성 제안을 한다. 창의교육활동선교사 양성을 위한 프로그램 안내와 창의교육활동선교사 교육진행 안내를 한다. 창의교육활동선교사는 토요학교 프로그램을 담당하는 교사를 말한다. 교사교육은 〈표 1〉과 〈표 2〉 같이 진행된다.

〈표 1 - 성경기자학교 교육지도사 양성교육과정〉

구 분	성경기자학교 지도자 초급교육과정	성경기자학교 지도자 고급교육과정
교육시간	총 9시간 교육 (3회×3시간)	총 12시간 교육 (2회×6시간)
교육대상	교회학교 교사, 목회자	초급교육과정 이수 및 진행자
교육프로그램 진행안내	[1회차 교육–3시간] • 성경기자학교 교육진행안내 • 미션선택 및 기사작성 실습 • 온라인 신문 활용 교육 [2회차 교육–3시간] • 성경신문제작 발표회 • 그룹토의 및 교육진행교안 제작 • 교회별 진행일정 편성 [3회차 교육–3시간] • 교회별 진행사례발표 • 성경기자학교 맞춤형 커리큘럼 작성하기 • 성경기자학교 운영전략 설정하기	[1회차 교육–4시간] • 성경기자학교2.0 (웹솔루션) 활용 법 및 진행안내 • 개인별 미션실행방법 교육 • 성경기자학교2.0 학생등록 및 교육진행법 교육 (관리자모드) • 성경기자학교2.0을 활용한 교육 프로그램 진행기획서 작성하기 [2회차 교육–4시간] • 교회별 성경기자학교2.0 교육진행 사례발표 • 그룹토의 및 전략회의 • 푸른꿈멘토학교 창의(방학)영성 캠프 운영자 교육 및 사례발표 (넥스와이즈 교육협력방법)
교재비	교재 및 실습재료비 : 3만5천원 (교재3권/개인별 성경신문 5부 제공)	교재 및 실습재료비 : 5만5천원 (교재2권/개인별 성경신문 30부 제공)
교육비	6만5천원 → 자율적 후원금 대체	8만원 → 자율적 후원금 대체
교육준비물	필기도구, 인터넷 가능한 노트북	필기도구, 인터넷 가능한 노트북

〈표 2 - 창의활동교육 프로그램 〉

구 분	지구촌역사체험학교 지도자교육과정	푸른꿈멘토학교 운영자 교육과정
교육시간	총 14시간 교육 (6시간/8시간)	총 12시간 교육 (2회 × 6시간) 또는 1박2일 지도자 캠프진행
교육대상	창의교육 및 청소년교육(선교)관심자	창의교육 및 청소년교육(선교)관심자
교육프로그램 진행안내	[1회차 교육—6시간!] • 지구촌역사체험학교 지도자교육 (스토리텔링형 역사체험 교육법) • 온라인 관리방법 및 운영교육 • 코스별 교육교재 활용방법 교육 • 역사교육 스토리 만들기 • 지구촌역사체험학교를 통한 지역 사회 전도전략 수립하기 [2회차 실습—8시간(옵션)] • 지구촌역사체험학교 운영실습 (지붕없는 박물관 강화역사 여행편) • 교회별 역사체험학교 진행시 참관(컨설팅) 보고서 작성 • 교회별 홍보 및 참가자모집 전략 제안 및 자료제공	[1회차 교육—6시간!] • 푸른꿈멘토학교 두나미스미래 캠프 진행안내 및 오리엔테이션 • 전체 교육 프로그램 소개 및 참여 • 프로그램 홍보 및 진행전략수립 하기 (기관 및 학교연계방법) • 교육관리 및 맞춤형 미래교육 상담법 교육(실습) [2회차 교육—6시간!] • 푸른꿈멘토학교 두나미스미래캠 프 개인별 프로파일 자료제공 및 해석 교육상담 진행 • 심층면접(개인별 사례발표)을 통한 청소년 미래진로 상담법 교육 • 개인별 사례발표 및 추후교육 진행 전략 수립하기
교육준비물	필기도구, 인터넷 가능한 노트북	필기도구, 인터넷 가능한 노트북

구 분	행복기자학교 지도자교육과정	렛츠업 영어일기 지도자 교육과정
교육시간	총 12시간 교육 (3회×4시간)	총 7시간 교육 (4시간/3시간)
교육대상	창의교육 및 청소년교육(선교)관심자	영어회화 및 에세이 가능자, 창의교육 및 청소년교육(선교)관심자

교육프로그램
진행안내
	[1회차 교육-4시간]
	• 행복기자학교 지도자교육안내 및
	  오리엔테이션 (개인취재미션부여)
	• 행복기자 소양교육(6하원칙 기사
	  작성 및 20고개 한문장 만들기)
	• 온라인 기사작성(블로그활용)
	  교육
	[2회차 교육-4시간]
	• 행복기자신문제작 발표회
	• 그룹토의 및 개인별 행복기자
	  학교 교육진행교안 제작
	• 교육진행일정 계획 및 교육편성
	[3회차 교육-4시간]
	• 개인별 교육진행사례발표
	• 행복기자학교 웹솔루션 활용교육
	• 행복기자 교육관리 및 기사첨삭
	  교육 지도방법(툴 활용교육 병행)
		[1회차 교육-4시간]
		• 영어신문만들기 오리엔테이션 및
		  전체진행 가이드맵 소개
		• 영어신문만들기 웹솔루션 안내
		  및 개인별 코드발급 및 실습
		• 영어(일기) 첨삭지도 교육활용 전
		  략 이해하기
		• 교육관리 및 개인별 맞춤형 영어
		  (창의)교육 상담법(실습)
		[2회차 교육-3시간]
		• 개인별 영어에세이 진행사례발표
		  (관리자ID별 5명 영어일기지도
		  실습과제 발표하기)
		• 영어신문만들기 관리자모드 운영
		  방법 교육 및 실습
		• 영어신문만들기 운영활용전략 및
		  전도활용 노하우 제공
		• 운영 사례발표 및 추후교육진행
		  및 홍보전략 수립하기

교육준비물	필기도구, 인터넷 가능한 노트북	필기도구, 인터넷 가능한 노트북

교회 전체가 지역 사회와의 접촉점으로

아이들에게 좋은 프로그램이지만 현재 교회에 정착한 곳은 그리 많지 않다. 그 이유에 대해서 전훈 대표는 다음과 같이 말한다.

"저희 프로그램을 토요학교에 정착하기 위해서는 교회 전체가 토요학교에 관심을 가져야 됩니다. 특히 담임목사님과 당회에서 토요학교에 대한 철학이 분명해야 합니다. 토요학교를 단순히 전도정책으로 보고 담당자에게만 맡기고 당장 뭔가 결과를 내기를 바랍니다. 그런데 토요학교는 단순히 전도만 생각하는 곳이 아닙니다. 중요한 것은 뚜렷한 결과가 없더라도 아이들이 하나님께서 자신에게 주신 은사를 발견하고 그 은사에 맞게 자신의 삶을 계획한다면 이보다 더 좋은 것이 어디 있겠습니까! 교회 전체가 믿고 꾸준히 기도와 관심을 가져야 제대로 정착될 수 있습니다."

전훈 대표는 교회가 토요학교 프로그램을 통해 지역 사회와 함께 할 수 있는 전략을 다음과 같이 제시한다.

"먼저 지역 사회와의 접촉점으로 교회는 어떤 전략을 가지고 있는지 생각해야 합니다. 지역 사회가 어떤 눈으로 교회를 바라보고 있는지에 대한 객관적인 시각을 가지고 전략적으로 지역 사회를 소통할 수 있는 접촉점을 찾아야 합니다. 두 번째는 지역 사회가 환영할 수 있는 프로그램을 토요학교에서 운영하는 것입니다. 공교육에서는 제공하지 못하는 미래형 교육이나 창의적인 교육을 할 수 있는 프로그램을 운영해야 합니다. 기존의 공부방이나 학원식 운영의 흔한 프로그램으로는 부작용이 있다는 것을 알아야 합니다."

에듀프리즘은 앞으로 교회와 협력해서 지역별 미래인재양성을 위한 센터를 건립할 예정이며, 미래 교회학교 운영전략 수립과 지도자 양성 프로그램을 운영해서 교회토요학교 운영공동체를 설립 지원할 계획이다. 에듀프리즘의 바람처럼 토요학교를 통해 미래의 인재를 양성하길 기대한다. 자세한 문의는 www.eduprism.kr과 1600-2046으로 연락하면 된다.

Chapter 13

3개월 영어혁명

영어성경을 읽고 영어로 묵상한다

5단계 영어 학습법을 제대로 세우면 영어를 정복할 수 있어
'영어 성경읽기 운동'을 통해 토요학교와 교회학교에 활력을

주5일 수업제가 실시되면서 교회학교 중 가장 힘든 부서는 바로
중등부, 고등부다. 학원에서 주말반을 운영하고, 학교에서 방과후
교실을 운영해서 토요일, 주일 모두 학교와 학원에 다녀서 주일예배
를 드리지 못하는 경우가 늘고 있다. 대학입시에 내신 성적을 관리
한다며 중간고사, 기말고사 3주 전 부터는 중고등부 예배에 빠지는
것을 당연히 여기는 학생들이 늘어나고 있다. 부모가 교회 직분자임

에도 예배보다 내신을 더 중요하다고 생각하는 경우도 많다. 대학입시 때문에 생기는 이런 심각성은 많은 교회의 고민거리다.

검증된 학습법으로

LUOA 국제학교 영어아카데미 원장인 박규일 목사는 이 문제를 간단하게 해결할 수 있는 방법으로 '영어'를 선택했다. 박 목사는 '중학교 1학년 수준의 단어 실력이면 3개월 만에 영어성경, 영자신문이 척척 해석된다'고 말하고 '3개월 영어혁명' 프로그램을 소개한다. "중학교 정도의 실력만 있으면 3개월 내에 영어성경뿐만 아니라 수능, 토플, 토익의 독해정도는 완벽하게 할 수 있습니다." 박 목사가 이렇게 자신 있게 말할 수 있는 이유는 현장에서 검증됐기 때문이다.

박규일 목사가 신학교를 다니던 1990년대 초반에 사역하던 교회가 변두리였다. 교회에서 토요일마다 아이들에게 영어를 가르치기 시작했다. 일주일에 한 번 영어를 배운 아이들은 놀랍게도 영어성적이 향상됐다. 그래서 아이들에게 영어를 더 잘 가르치기 위해서 고민을 하게 되었고 나름대로의 노하우가 생겼다. 박 목사는 가는 곳마다 영어교실을 열었고, 똑같은 효과가 일어났다. 이렇게 10년의 시간이 지나갔고, 영어학습의 시스템이 만들어지고, 이론화 작업이 이루어졌다. 그래서 2000년도에 학습법을 만들어 공식적으로 강의를 시작했다. 신학교에서 강의를 시작했고, 학습법이 검증되면서 강남에서 아이들을 가르치는 일을 했다. 그곳에서도 반응이 좋아서 학원을 운영하기도 했다. 이와 함께 교회에서는 무료로 아이들을 가르치는 일도 계속했다. 박 목사는 자신의 학습법이 효과가 있자 법적으로 보호를 받고자 특허(영어 학습방법 특허 제 10-0827-407)를 등록했고 「ONE STOP ENGLISH」를 출간했다. 2008년에 아가페 출판사와 함께 학습의 원리를 적용해서 「하나님 영어도 해결해 주세요」도 출간했다. 이 책은 3개월 영어혁명을 공부하고 그룹으로 빌립보서 성경공부를 할 수 있다.

3개월만 제대로 투자하면

지금 '3개월 영어혁명'은 여러 곳에서 진행하고 있다. 박규일 목사는 극동방송과 여러 교회에서 공개 세미나와 3개월 영어혁명을 강의하고 있다. 강의를 받고 나면 교회에서 그룹별로 영어성경공부를 할 수 있도록 세팅해 주고, 음원과 교재들을 계속 제공해 준다.

"영어성경공부를 하려면 반드시 본인이 직접 3개월 영어혁명을 공부해야 합니다. 이 과정을 배우지 않고는 영어성경공부를 할 수 없습니다."

이 과정은 박규일 목사가 직접 하고 있다. 예전에 학습 원리를 보급하기 위해서 교사 파송을 했는데 여러 가지 부작용이 생겼다. 매뉴얼을 만들어서 교사 10명까지 배출했지만, 학습 원리가 제대로 전달되지 않았다. 교사 중에는 다른 곳에서 공부방을 만들기도 했다. 그래서 이 학습 원리만큼은 그가 직접 3개월 동안 가르치고 있다. 박규일 목사 혼자 강의를 하기 때문에 보급에 더디지만, 이렇게 하는 것이 가장 효과적으로 영어를 가르치는 것이라고 말한다.

"3개월만 제대로 공부하면 영어의 근본적인 문제를 해결할 수 있습니다. 문법, 어휘, 번역, 영작까지 다 가능합니다. 여기에 암송까지 할 수 있습니다. 영어를 구조적으로 이해하면 영어성경을 읽고 번역하고 묵상하고 낭송하는 것은 쉽습니다. 영어성경을 분석할 수 있습니다. 이렇게 성경을 계속 읽으면 학습에도 효과가 있습니다. 중고등학생 내신은 물론 토익, 토플, 원서강독까지 효과가 있습니다. 실제적으로 도움이 되기 때문에 반응이 좋습니다."

3개월 영어혁명은 영어의 틀을 잡아주고 실력을 키워준다. 그래서 먼저 교회에서 영어성경공부반을 만들고, '3개월 영어혁명'에 의뢰하면 된다. 이 과정의 학습비는 개인당 36만원이고, 일주일에 2-3시간 공부한다. 방학 중에는 단기간에 학습할 수 있는 영어영성캠프를 진행하기도 한다. 이 캠프에는 보통 100-200명 정도 참석하고, 6,000단어 암기 원리 학습, 영어설계도 학습, 영어문장 공식학습, 영문장 30개 해석공식 학습을 통해 영어 정복의 길을 제시한다. 그리고 영어성경공부는 무료로 진행한다. 교회에서 영어성경공부를 진행할 때는 10명 내에 하는 것이 좋지만 2-3명이 모여서 해도 좋다.

영어성경공부로 연결할 수 있어

지속적으로 영어성경공부를 하면 여러 가지 효과가 있다.

"먼저, 영어성경을 함께 공부하면 영적으로 바뀝니다. 계속 성경을 보기 때문에 하나님의 말씀이 삶에서 적용하는 일들이 일어납니다."

이와 함께 학업 성적도 올라간다. 박규일 목사는 교회에서 운영하는 토요학교 프로그램의 전문성에 대해서 말한다.

"요즘 학원에서 영어를 가르치는데 교회에서 그곳보다 더 좋은 프로그램을 제공해야 합니다. 경쟁력이 있지 않으면 교회에서 하는 프로그램은 사회보다 더 좋지 않다고 생각합니다. 그런 면에서 사회에서도 검증이 된 '3개월 영어혁명' 이 좋은 프로그램입니다."

5단계 학습법으로

박규일 목사는 영어는 5단계 학습법만 제대로 세우면 된다고 말한다. 3개월 동안 이 학습법을 습득하면 영어가 된다고 자신한다.

박규일 목사가 제안하는 5단계의 학습법은 다음과 같다.

1단계는 '영어 설계도'를 제대로 파악하는 것이다. 영어는 '자리 언어'다. 주어, 동사, 목적어, 보어 등 자신만의 자리가 있다. 이처럼 자신의 자리가 고정되어 있는데, 그것을 영어의 설계도라고 한다. 설계도를 따라서 땅을 파고 기둥을 세우는 작업이 첫 번째 단계에 해당한다.

2단계는 '영어 공식'이다. 수학에 공식이 있는 것처럼 영어에도 공식이 있다. 이 공식은 '주어의 공식 6가지', '동사의 공식 8가지', '목적어와 보어 공식 18가지', '구와 절 공식 각각 2가지'가 있다. 이 공식들을 정복하면 영문법은 한 번에 해결된다.

3단계는 '단어 암기법'이다. 아무리 영어설계도와 공식을 잘 파악하고 있다고 하더라도 단어를 알지 못하면 아무 의미가 없다. 이 단계에서는 주기적인 반복학습의 원리를 적용한다. 이렇게 하면 일주일에 300~500단어를 쉽게 암기할 수 있다.

4단계는 '영어문장 해석 공식'이다. 해석공식은 50여 가지다. 이 해석공식을 통해 길고 복잡한 영어문장을 정확하게 빠르게 해석할 수 있다. 어떤 영어문장이든 영어문장 해석공식에 적용이 되지 않는 문장은 없다. 그래서 영어성경을 읽고 묵상하면서 큐티할 수 있는 꿈같은 일이 현실로 이루어질 수 있다고 한다.

마지막 단계는 '영어 작문 공식'이다. 건물을 지을 때 먼저 설계도가 나와야 하고 그 설계도를 가지고 땅을 파고 기둥을 세워야 한다. 기둥을 세운 후 벽돌을 쌓고 지붕을 올린다. 그리고 마지막으로 내부 장식을 위한 인테리어 작업을 한다. 이 과정을 거쳐서 집이 완성되는 것처럼 영어 작문은 1-4단계를 완벽하게 해야 한다. 톱니바퀴처럼 맞물려 돌아가는 학습법이다.

해외 선교를 위한 기초로

박규일 목사는 '한국교회 영어성경읽기 운동'을 이끌고 있다.

"교회에서 영어성경읽기 운동이 일어나면 많은 일들이 일어납니다. 영어로 성경을 읽고, 영어로 복음을 전하고, 영어로 전도할 수 있는 성도들이 늘어나면 세계 선교에 보다 적극적으로 참여할 수 있습니다. 그리고 교회의 청소년을 세계적인 리더로 세우는 일에 일조할 수 있습니다."

이 프로그램은 청소년들뿐만 아니라 성인에게도 좋다. 실제로 예능교회 박정숙 권사는 해외 선교의 마음이 있었지만, 영어 때문에 망설였는데, '3개월 영어혁명'으로 자신감을 얻었다고 한다.

"영어는 아무리 해도 너무 어려웠는데, 3개월 영어혁명을 하면서 영어가 쉽다는 것을 알았습니다. 단어 10개 외우는 것도 힘들었는데, 1시간에 100-200개가 외워졌습니다. 나이가 들었어도 할 수 있다는 생각과 함께 앞으로 제 진로에도 도움이 많이 됐습니다."

박규일 목사는 앞으로 이 운동을 더욱 발전시켜서 토요학교를 통해 교회학교가 성장하는 일에 힘을 다하고자 한다. 그의 다짐처럼 3개월 영어혁명을 통해 하나님의 말씀을 영어로 읽고 전하는 청소년들이 늘어나길 기대한다. 자세한 문의는 www.ioms.kr와 010-9194-0397로 연락하면 된다.

박규일 목사가 제안하는 영어단어 암기 *Tip*

1. 영어 단어를 외울 때 스펠링과 단어의 뜻을 같이 보지 않는다.

먼저 영어 스펠링을 보고 시간차를 두고 단어의 뜻을 본다. 예를 들어 'sun' 이라는 스펠링을 보고 몇 초 후에 단어의 뜻인 '태양' 을 본다.

2. 일주일에 100개의 단어씩 본다.

영어 단어를 외우는 것이 아니라 앞의 방법으로 일주일 동안 매일 100단어를 본다. 100단어를 한 번 보는데 3분 정도 한다.

3. 영어 단어를 반복적으로 본다.

1시간 동안 100단어를 반복적으로 본다. 100단어를 한 번 보는데 3분이 걸리기 때문에 20회를 반복할 수 있다.

4. 스펠링을 보는 순간 단어의 뜻이 생각나면 그 단어는 외운 단어가 된다.

스펠링을 보고 단어의 뜻이 생각나면 그 단어는 X표를 하고 다음 회부터는 보지 않는다. 그렇게 하면 100단어를 보는 시간이 3분에서 2분, 1분으로 줄어들게 된다.

5. 마지막 100단어를 외울 때까지 반복한다.

100단어가 다 외워지면 다음 100단어를 앞의 방법으로 되풀이 한다. 이렇게 하면 1개월에 400단어를 암기할 수 있다. 3개월에 1,200단어, 1년이면 무녀 5,200개의 단어를 암기할 수 있다.

Chapter • 14

씨드스쿨(Seed School)

다음세대에게 큰 꿈을 꾸도록 하라

하나님이 자신에게 주신 비전을 발견할 수 있도록 도와야

교회가 지역의 학교와 협력하여 소외된 학생들을 돌봐야

씨드스쿨(Seed School)은 복지의 사각지대에 있는 취약환경에 처한 청소년에게 대학생 멘토가 1:1 전인적 돌봄과 꿈을 찾는 과정을 동행하여, 아이들이 정체성을 찾고 재능을 발견하여 꿈과 희망을 가지고 자신의 삶을 꽃피워 나가도록 돕는 교육봉사운동이다. 씨드스쿨은 대한민국교육봉사단(우창록 이사장, 이하 대교단)에서 진행하고 있는 프로그램이다. 대교단은 2008년에 미국에서 열린 한 포럼

에서 명문 대학생들이 빈부의 격차가 심한 지역의 공교육현장으로 2년 동안 교사로 섬기는 일들을 접하고 세워진 비영리재단이다. 당시 그 포럼에 참석했던 임성빈 교수(장로회신학대학교)와 이장로 교수(고려대학교)는 많은 젊은 청년들이 우리나라에도 꼭 필요한 일이라고 이야기했다.

교육 양극화를 극복하려고

지금 우리나라는 교육 양극화 문제에 대한 불만족이 가득하다. 현실적으로 가난한 아이들은 꿈조차 가난하다. 그래서 '개천에서 용나기 어려운 시대'라고 한다. 부의 양극화에 따라 대학진학률도 차이가 나고, 자신이 선택할 수 없는 환경 때문에 미래가 불행하다는 사실이 마음이 아프다. 그리고 88만원 세대인 청년들도 더 좋은 대학에 가고 더 나은 스펙을 갖추려고 하지만 불안하고 맹목적으로 더 좋은 직장에 가려고 하는 사실이 안타깝다. 대교단의 배진형 희망디자이너는 지금 우리나라의 현실에 희망의 길을 제시하고자 씨드스쿨을 시작했다고 한다.

"청년들이 가진 강점과 재능을 자신만을 위해 사용하는 것이 아니라 다음세대인 청소년들에게 나누고 그들과 함께 한다면 얼마나 좋겠습니까? 그들이 청소년들과 함께 동행한다면 청소년들에게는 좋은 멘토가 생기고 대학생들은 아이들을 돕고 섬기며 사회적 섬김과 나눔의 실천을 통해 의미 있는 비전을 발견하게 됩니다. 이로 인해 서로 변화가 일어나고 함께 성장할 수 있습니다. 더불어 사회도 변화됩니다. 씨드스쿨은 이런 기대감을 가지고 시작하게 됐습니다."

2009년 한 학기를 연구하고 교재를 만들었지만, 교육이 제대로 되지 않아서 개인의 영향에 따라 결과가 많이 달랐다. 그래서 교사교육을 제대로 해야겠다고 커리큘럼을 만들고 workbook과 매뉴얼북을 만들었다. 2009년 하반기부터 시작했고, 올해가 4년째다.

큰 꿈을 꾸고 그 꿈을 찾도록

씨드스쿨을 잘 나타내는 4가지 슬로건이 있는데 '꿈이 있습니다', '행복이 전달됩니다', '함께 성장합니다', '나눔이 나눔을 낳습니다' 이다. 씨드스쿨의 목적은 경쟁에서 이기는 것이 아니라 자기가 누구인지, 정체성을 찾아주는 것이다. 어려운 환경에 있는 아이일수록 자존감이 낮고, 꿈도 가난하다. 그래서 큰 꿈을 꾸고 그 꿈을 찾도록 돕도록 한다.

씨드스쿨은 1년 프로그램으로 구성되어 있고, 1학기 비전코칭, 2학기 학습코칭이 진행된다. 각 학기는 12주다. 그리고 년 1회 비전캠프와 학기 1회 토요문화체험 행사로 연극, 전시관람 및 대학탐방이 있다. 비전코칭 커리큘럼은 꿈과 진로를 찾을 수 있도록 설계되어 있다. 프로그램은 20명의 학생(Seed 〈씨드〉, 씨드스쿨의 멘티)과 25명의 멘토(T, 씨드스쿨 멘토교사)로 구성되고 1명의 프로그램 운영자(M)를 세워 45~46명의 씨드스쿨 공동체를 구성하여 진행된다. 25명의 멘토 중 20명은 학생과 1:1 멘토를 하고 나머지 5명은 스텝으로 전체 행사를 진행하는 역할을 한다. M인 프로그램 운영자는 전체 진행을 총 지휘하는 역할을 한다. 이 프로그램은 약 3시간 소요되고, 귀가 지도까지 하면 5시간 정도 필요하다. 진행은 45명이 전체 모여 먼저 10분 정도 오프닝 영상, 씨드 뉴스를 본다. 그리고 창의상상타임을 40분 정도 한다. 창의상상타임이란 T(멘토)의 재능 기반으로 이루어지는 것으로 다양한 25명의 T가 준비하여 음악, 미술, 게임, 운동 등 다양한 활동을 통해 45명이 함께 할 수 있도록 한다. 8번의 창의상상타임이 필요하기 때문에 T의 협력이 절대적으로 필요하다. 40분 동안 좌뇌, 우뇌, 오감을 활발하게 움직일 수 있도록 한다. 창의상상타임이 끝나면 40분 정도 식사를 한다. 이때는 1:1로 테이블을 만들어 멘토와 씨드가 함께 이야기를 하면서 식사할 수 있도록 한다. 식사는 재정적인 상황에 맞춰 준비하면 되고, 재정이 허락되지 않으면 식사시간을 피해서 진행하는 것도 좋다. 식사를 제외하게 되면 약 40분 정도 프로그램을 줄일 수 있다. 식사가 끝나면 활동 프로그램으로 약 80분을 1:1 멘토의 시간을 갖는다. 이때 주로 비전코칭이 이루어진다. 나를 찾아 떠나는 정체성 발견과 재능개발로 진로탐색과 역할모델 인터뷰, 명함만들기, 비전로드맵 그리기 등의 프로그램으로 진행되고 학습코칭은 셀프리더십과 꿈을 이루는 성공의 경험을 하는 프로젝트로 진행된다.

비전코칭만 하게 되니까 아쉬운 점이 있었다. 꿈을 찾도록 도와줬지만, 그 꿈을 이루어 갈 수 있도록 하진 못했다. 그래서 공부 방법을 알려주는 12주 과정을 계발했다. 그 과정이 바로 학습코칭이다. 이 과정에서는 주기주도학습 원리와 공부기술을 습득할 수 있는 놀이터와 미래 직업 탐색 및 경험을 할 수 있는 미래 꿈 프로젝트를 진행한다. 이 과정은 단순히 공부를 가르쳐주는 것이 아니라 공부를 잘 할 수 있는 방법을 알려주고 스스로 공부할 수 있도록 하는 학습코칭이다. 학습코칭도 T의 적극적인 참여가 필요하다. 이렇게 씨드스쿨은 T가 수동적이 아니라 적극적으로 프로그램에 참여해야 하기 때문에 철저한 교사교육이 필요하다.

연합과 협력을 위한 합숙훈련

교사교육은 처음에 매주 토요일에 8시간씩 5주간 했다. 하지만 어려움들이 있었다. 25명의 T가 공동체를 이루어야 했기 때문에 합숙이 꼭 필요했다. 그래서 5주간의 교사교육 과정을 3박4일 합숙과정으로 변경했고 이 과정을 T-School이라고 한다. 멘토링 기초교육, 청소년 이해 등 씨드스쿨의 교사로 갖추어야 할 기본 교육과 함께 씨드들과 함께 할 12주 과정을 직접 경험하도록 한다. 그렇게 단합과 연합을 강조해서 교육하니 현장에서 많은 도움이 된다.

T-school을 하는 동안 'T 행동강령'을 숙지하도록 한다. T 행동강령은 먼저, T는 경청으로 학생을 섬긴다. 어떤 일이 있어도 학생에게 화를 내지 않고 사랑으로 인내하며 우선 경청한다. 둘째, T는 칭찬으로 학생을 섬긴다. 만남의 시간은 제한적으로 잘못을 바로잡기보다는 긍정적 강화에 집중한다. 셋째, T는 학생의 강점에 주목한다. 모든 사람들에게는 1가지 이상의 강점이 있다는 것을 기억한다. 넷째, T는 학생의 어떤 질문과 생각에도 긍정적으로 반응한다. 단순히 지식을 주입하려하지 말고 창의성을 자극할 수 있는 학습을 지향한다. 마지막으로 T는 학생과의 만남에 최우선 가치를 둔다. 학생과의 만남에 시간과 열정의 최우선순위를 둔다. T의 행동강령처럼 T-School에서는 씨드스쿨의 목적에 맞는 교사교육에 초점을 맞추고 있다. 씨드스쿨은 가을학기에 시작해서 여름에 마치는 1년 과정이다. 이에 맞춰 교사교육도 8월에는 비전코칭 과정, 2월에는 학습코칭 과정을 한다. 교육은 각 과정마다 1년에 한 차례밖에 없다.

교회 토요학교로 확대해야

교회에서도 씨드스쿨에서 운영하는 토요학교를 실시할 경우 이 교사교육에 참여하면 된다(씨드스쿨, www.seedschool.kr 070-7019-3761). 교사교육은 1명 당 8만원이고, 교재는 4,500원이다. 현재 씨드스쿨에서는 취약환경에 있는 5개의 학교에서 방과후 학교로 진행하고 있고, 총 125명의 대학생 T(씨드스쿨 멘토교사)와 100명의 Seed(씨드스쿨의 멘티)가 활동하고 있다. 5개의 학교 중 3개교가 지구촌교회(진재혁 담임목사), 안양제일교회(홍성욱 담임목사), 창동염광교회(황성은 담임목사)에서 한 학교씩 품고 1년 운영 예산과 멘토를 선발하여 보내고 있다. 또 다른 형태는 교회와 협력해서 토요학교 프로그램으로 진행하고 있는 성락성결교회(지형은 담임목사), 한소망교회(류영모 담임목사)도 있다. 교회에서 프로그램 담당자와 멘토를 세우면 본부에서 운영교육, 멘토 교육을 담당하고 교재와 운영 자료를 제공한다. 그리고 월 1회 담당자 모임을 통하여 씨드스쿨 네트워크를 만들어 각 교회에서 진행되는 사례공유를 통해 각 교회 실정에 맞도록 적용한다.

교회에서도 교사 25명에 학생들 20명이 적당하지만, 교회에서는 교사 한 명당 2-3명 정도도 괜찮다. 처음에는 교회 학생들을 시작하면서 차츰 지역 학교로 확대해 가는 것도 좋다.

"씨드스쿨은 교회와 협력하여 함께하는 교육운동으로 더 많은 교회가 참여할 수 있게 되길 기대합니다. 많은 교회가 지역 사회를 섬기는 일에 지역의 학교를 섬기면 좋겠습니다. 특히 소외되고 취약지역의 학교들에게 다음세대를 위한 교육 프로그램으로 교회가 협력하기를 기대합니다."

이를 위해서 교회에서 씨드스쿨 프로그램을 할 수 있도록 교회의 노하우를 개발하려고 한다. 한 교회가 한 학교를 섬기게 되면 다음세대를 위한 밑거름 역할을 할 것이다. 지금은 참여하는 교회가 소수이지만, 점차 많은 교회가 참여하기를 소망하고 있다. 씨드스쿨의 바람처럼 많은 교회가 함께 하길 소망한다.

씨드스쿨의 1학기 비전코칭

주차	창의상상타임	세상에 너를 소리쳐1(활동프로그램)
1	입학식 "두근두근"	
2	창상1	내가 누구게?/ 나의 인생곡선
3	창상2	나의 소중한 가치관/ 꿈의 목록
4	창상3	진로 탐색 홀랜드 검사
5	창상4	역할모델 선정하기
6	창상5	역할모델 인터뷰 준비하기
7	무(無)	역할모델 인터뷰하기(현장학습)
8	인터뷰 보고서 만들기 1	인터뷰 보고서 만들기 2
9	창상6	미래 명함 만들기
10	창상7	비전로드맵 그리기
11	창상8	사명선언문
12	씨앗축제 & 수료식 "씨드, 싹 틔우다"	

습관 프로젝트

습관 프로젝트는 비전코칭의 끝부분으로 선택사항이다. 이 프로젝트는 꿈을 발견하고 그것을 이룰 수 있도록 습관을 바로잡기 위해서 10분 동안 진행한다. 생각, 말, 행동의 교정을 할 수 있도록 한다.

주차	내 용	세부사항
1	없음(입학식)	無
2	준비운동(오리엔테이션)	1. 버릇에 대해 자유롭게 얘기 나누기 2. 습관경영의 중요성 알려주기 3. 동기부여 및 관찰숙제 내주기
3	마음경영1	1. 일주일동안 마음을 채운 생각들 끄집어내기 2. 긍정적인 생각과 부정적인 생각 구분해보기 3. 생각 바로잡기!
4	마음경영2	1. 실천 점검하기 2. 나에게 편지쓰기 3. 동기부여 및 관찰숙제 내주기
5	언어경영1 – 타인과의 관계를 중심으로	1. 자주 사용한 말 인식하기 2. 착한 말, 못된 말 가려보기 3. 못된 말 버리고 착한 말 연습하기(계획)
6	언어경영2 – 자신과의 관계를 중심으로	1. 착한 말 연습 점검하기 2. 내 말을 가장 가까이서 듣는 내 귀 3. 나에게 들려줄 말 고르기
7	행동경영1	1. 실천 점검하기 2. 습관 목록 쓰기 3. 좋은 습관 길들이기
8	없음(현장학습)	無
9	행동경영2	1. 실천 점검하기 2. 지난 주 반성하기 3. 달성률을 높이기 위한 작전 세우기
10	행동경영3	1. 실천 점검하기 2. 지난 주 반성 & 개선할 점 발견하기 3. 씨드 격려하기
11	마무리	1. 실편 점검하기 2. 습관 프로젝트를 마치며 소감문 쓰기 3. 서로에게 축복의 편지 쓰기
12	없음(수료식)	無

Chapter • 15

국제성서박물관

성경 속 이스라엘 문화 제대로 체험하기

'창의체험활동 프로그램 콘테스트'에서 우수 프로그램으로 선정
에듀케이터의 해설로 풍성한 이스라엘 문화를 접할 수 있어

체험학습은 토요학교 프로그램으로 가장 많이 한다. 하지만 해가
거듭할수록 장소를 선정하는 데 어려움이 있다. 특히 신앙을 바탕으
로 한 체험학습 프로그램을 찾기 힘들다. 교회학교 학생들뿐만 아니
라 믿지 않는 학생들에게도 복음의 메시지를 전할 수 있는 프로그램
을 소개한다.

우수 창의체험활동 프로그램

2012년 4월 한국박물관협회와 KB국민은행 박물관 노닐기에서 전문 박물관을 대상으로 '창의체험활동 프로그램 콘테스트'를 공모했다. 이때 50개 박물관의 프로그램이 선정됐는데, 국제성서박물관(임봉대 관장)에서 운영하는 "이스라엘 민속 문화 체험"도 선정됐다. 이 프로그램은 질적, 교육적면에서 우수한 프로그램으로도 인정받았다. 국제성서박물관은 이 프로그램으로 지난봄부터 학교와 교회를 대상으로 체험학습 프로그램을 진행하고 있다. 이 프로그램은 임미영 학예실장(기독교대한성결교회 평촌이레교회 협동목사, 이스라엘 고고학박사)이 기획했다. 임미영 학예실장은 이스라엘에서 13년간 살면서 경험했던 이스라엘 유대인의 민속 문화를 성경과 연결하여 한국 어린이들에게 전달하는 마음으로 프로그램을 운영하고 있다. 이스라엘 현지에서 직접 생활하면서 성경적 이스라엘을 이해할 수 있었기 때문에 교회학교 아이들뿐만 아니라 다문화에 대한 이해도를 높일 수 있는 장점이 있어서 일반 초등학교 학생들에게도 도움이 되는 프로그램이다.

국제성서박물관은 주안감리교회를 담임했던 고 한경수 감독이 일생동안 수집한 성경들과 미국의 성경수집가 웨이크필드 박사(Dr. Wakefield)가 기증한 성경 1만5천여 점과 5천여 점의 유물들을 소장하고 1995년 4월 30일에 개관했다. 한 감독은 목회 초년병 시절부터 성경을 수집하는 일에 관심을 두어 해외에 갈 때마다 고서점을 뒤지며 성경을 수집했다. 평소 수집하는 일에 취미가 있던 한경수 감독은 성경뿐만 아니라 우표와 동전, 각종 기념품 등 많은 것들을 수집했는데, 그중에 성경은 영원토록 남을 하나님의 말씀이라는 믿음으로 성서박물관을 세웠다.

국제성서박물관은 3백 평 규모의 전시실과 30평 규모의 체험 교육실, 그리고 160석으로 된 영상실로 되어 있다. 전시실에는 성경이 사해사본(복사본)부터 최근에 이르기까지 시대별, 나라별로 전시되어 있으며, 그중에 그로싸 오디너리라(12세기), 니콜라스 젠슨 성경, 킹 제임스 성경 등 각종 희귀본들이 있다. 구텐베르크 성경 겉표지 원본, 영인본을 비롯해서 다양한 구텐베르크 성경 관련 자료들도 많이 있다. 성막 1/25모형, 성서유물 등도 함께 전시되어 있다. 임봉대 관장은 국제성서박물을 이렇게 소개한다.

"복음의 관문이었던 인천에 박물관이 세워진 것은 의미 있는 일입니다. 특히 국제성서박물관은 한국교회의 대표적인 성서박물관으로 그동안 주안교회에 소속된 박물관으로 있다가 2010년에 정식으로 박물관 등록(제 인천-16호)을 했고, 한국박물관협회, 한국사립박물관협회, 인천광역시박물관협의회의 회원관이 됐습니다. 국제성서박물관에서는 단순히 전시만 하는 것이 아니라 학예사와 에듀케이터를 통해 해설과 함께 다양한 체험활동을 할 수 있도록 했습니다."

다양한 이스라엘 문화

국제성서박물관에서는 현재 매주 화요일 성인들을 위한 성서대학을 운영하고 있다. 2012년 가을학기에는 '성경의 보석들'(임봉대 박사), '역사속의 이스라엘 왕들'(임미영 박사), '창세기에서 삶의 길을'(서명수 박사) 등 세 과목이 개설되어 강의를 하고 있다. 학생들을 위한 프로그램에는 공립학교에서 3백 명의 학생들(국민은행 박물관노닐기 사업 지원)이 참여를 했고, 주말에는 여러 교회에서 참여하고 있다. 프로그램은 3가지로 나눌 수 있다.

첫 번째는 '이스라엘 고문서와 유물'을 관람하는 프로그램이다. 박물관에 전시된 구텐베르크 성경, 각종 희귀 성경, 인쇄기, 세계 출판역사, 이스라엘 민속 유물 등을 관람한다. 시간은 약 45분 정도 소요되고, 박물관 에듀케이터가 설명해 준다. 박물관을 관람하면 '이스라엘 문화 학습'으로 활동지를 작성한다. 활동지는 박물관에서 체험학습보고서가 준비되어 있다.

두 번째는 '이스라엘 문화 탐방' 프로그램이다. 이스라엘 전통 물건 만들기 영화를 보고 전통 종교의복과 도구, 악기를 만드는 프로그램이다. 시간은 약 15분 정도 소요된다.

마지막 '이스라엘 민속 문화 체험'은 음식문화, 종교문화, 절기문화를 체험하는 프로그램이다. 먼저 음식문화는 '하만의 귀 쿠키 만들기' 다. 시간은 약 15분 정도 소요되고, 쿠키를 만든다. 큐레이터를 통해서 하만의 귀 쿠키의 유래를 듣고, 직접 반죽부터 과일 잼을 넣어 만든다. 만든 쿠키는 다른 프로그램을 진행하는 동안 오븐에 넣어 30분 정도 구운 후 식혀서 돌아가는 길에 가지고 갈 수 있도록 한다.

종교문화를 체험하는 프로그램으로는 통곡의 벽에서 전통 종교 의복을 입어보고, 소원문을 적는다. 이 활동도 15분 정도 소요된다. 유대인들의 독특한 종교적 관습 중에는 통곡의 벽에 가서 기도문을 적어 벽 틈에 꽂는 프로그램이다. 먼저 전통 종교 유대인들의 수술 달린 의복인 짓짓과 탈릿을 입고 머리에 키파를 쓰고, 기도문 혹은 소원문을 작성하고 통곡의 벽에 붙인다.

절기문화는 두 가지 프로그램이 있는데, 먼저 초막을 짓고 장식하는 활동이다. 약 20분 정도 시간이 걸린다. 성경 레위기 23장에 근거한 이스라엘의 3대 명절 중 하나로 우리의 추수 감사절과 유사한 기능을 하는 명절인 초막절의 의식을 체험한다. 초막절은 초막을 짓고 그 안에서 생활한다는 것이 무엇보다 중요한 초막절의 의식이다. 유대인들은 이 사항을 법으로 정하고 있으며 그 법에는 초막의 건축 재료, 건축 방법, 모양 등 상세한 사항까지도 규정되어 있다. 그 규정에 따르면, 지붕의 재료로는 금속이나 가죽을 사용해서는 안 되고 나무나 짚 등을 사용해야 한다. 초막은 집 옆이나 근처에 짓고, 벽은 3면까지만 허용된다. 즉 4면 중 하나는 완전히 뚫려 있는 것이다.

그리고 초막 안은 크리스마스트리처럼 그림이나 장식품으로 아름답게 꾸민다. 전시관 내에 있는 공간에서 그룹별로 초막을 짓고 내부를 장식하여 아름다운 초막뽑기 경연대회를 한다.

두 번째 절기문화 프로그램은 부림절을 지키는 활동이다. 이 프로그램에는 가면 만들기, 에스더 이야기를 간단한 연극으로 꾸며 활동하기, 쿠키 먹기가 있다. 이 프로그램은 약 25분이 소요된다. 이스라엘에서 유대인들은 부림절에 기쁨의 잔치를 벌인다. 가면을 쓰고 변장을 하고 거리행진을 한다. 그리고 회당이나 학교의 파티장에서는 에스더서를 큰 소리로 낭독하거나 연극을 한다. 에스더서에 하만의 이름이 등장할 때마다 관중들은 소리를 지르거나 라아샨이라는 딸랑이 같은 소리를 내는 도구들을 마구 흔들어 파티의 흥을 돋운다. 이 절기문화를 직접 체험하는 프로그램이다. 가면을 만들어 쓰고, 에스더서의 하만 이야기 연극과 라아샨 흔들기를 한다. 연극은 대본과 의상이 준비되어 있고, 즉석에서 연습해서 할 수 있다. 연극이 다 끝나면 하만의 귀 쿠키를 함께 먹는 것으로 마무리 한다.

이외에 '파피루스 체험하기'가 있는데, 이집트에서 직수입한 파피루스에 성경구절을 쓰고 예쁘게 그림을 그려 장식한다. 인쇄기가 발명되기 이전의 기록문화에 대한 체험교육을 할 수 있다.

이렇게 국제성서박물관의 모든 프로그램을 체험하는 데에는 약 2시간 30분 정도 소요된다. 비용은 10,000원이다. 이스라엘 민속문화 체험만 하는 데에는 1시간 30분 정도 소요되고, 비용은 8,000원이다. 이집트 파피루스 체험은 30분정도 소요되고 비용은 3,000원이다. 개인 관람과 단체 관람 모두 가능하지만 모두 사전에 연락해야 한다. 특히 단체로 관람할 경우 1주일 전까지 예약을 하면 박물관에서 에듀케이터가 직접 해설을 해준다. 자세한 문의는 국제성서박물관(032-874-0385)에 하면 된다.

더 다양한 프로그램을 계획

임미영 학예실장은 앞으로 국제성서박물관을 통해 더 다양한 프로그램을 개발하는 데에 힘을 다할 것이라고 말했다.

"국제성서박물관은 단순히 성경이나 유물들을 보관, 전시하는 기능을 넘어서 목회자와 평신도 지도자들을 위한 교육장소로 활용이 되도록 하고, 특히 '세계기록문화역사배우기,' '이스라엘 민속문화체험' 등의 다양한 프로그램을 개발함으로써 다음세대인 학생들에게 유익한 창의체험교육을 제공해 주는 준 교육기관으로서의 기능을 강화해 나갈 계획입니다. 요즘 각 교회마다 주5일제 수업으로 토요학교로 체험활동을 많이 합니다. 국제성서박물관의 체험교육 프로그램이 각 교회의 체험활동의 일환으로 활용될 수 있을 것입니다."

Chapter 16

Awana

재미있게 놀고 성경을 공부할 수 있는 곳

말씀암송을 통해 어린이들이 구원 받고 믿음의 탁월한 리더로 자라도록
만 4세부터 14세까지 아이들은 가장 훌륭하고 효과적인 선교지역이다

Awana(이종국 대표)는 "부끄러울 것이 없는 인정된 일꾼" (Approved Workmen Are Not Ashamed)이라는 뜻으로, 성경말씀 디모데후서 2장 15절의 영어식 표현의 앞글자를 따서 만든 이름이다. 어린이들의 구원과 훈련을 위한 사역의 열정으로 태동한

Awana는 오늘날 까지 수십 년 동안 연구되고 발전되어진 프로그램이다. Awana는 알트 로하임에 의해 시작했다. 당시 시카코 가스펠 교회의 주일학교 청소년사역을 책임지게 되었고, 주일학교 아이들에게 부족한 공동체감을 심어주기 위해 빨강, 파랑, 녹색, 노란색의 유니폼을 입히기로 하고 Awana를 시작했다. 1943년부터는 시카고 외 지역에서 이 사역들이 시작되고 1950년에 비영리 선교단체로 등록했다. 지금은 세계적 청소년 기관으로 현재 세계 약 110여개 국가에서 실시되고 있고, 한국에는 1983년도에 소개되어 현재 약 220개 교회에서 Awana사역을 통해 많은 어린이들이 말씀으로 훈련받고 있다.

주중 또는 토요학교로

이종국 대표는 Awana의 사역 목표에 대해 다음과 같이 말한다.

"Awana의 목표는 크게 두 가지입니다. 첫째 '거듭난 그리스도인이 되게 하는 것' 과 둘째 그들을 '하나님의 일꾼으로 훈련하는 것'입니다. 만 5세 아동에서부터 중학생까지, 구원과 훈련이라는 두 목적에 입각해 프로그램과 행사를 진행하고 있습니다. Awana 프로그램의 특징은 주중 프로그램이라는 점입니다. 이것은 주일예배나 주일학교를 대체하는 프로그램이 아니라 주일예배와는 별도로 주중 또는 주말에 모여 어린이들을 복음으로 도전하고 말씀으로 훈련시킵니다."

우리나라에서 Awana는 주일 오후 또는 토요일이나 평일 저녁 프로그램으로 진행하고 있다. Awana는 유니폼을 입고 진행하는데, Awana 시간에 아이들은 게임을 통해 재미를 얻고 그 에너지로 성경을 암송하고 찬양과 율동을 하며 모임에 참여한다. 그리고 복음설교와 구원초청을 통해 지속적으로 복음으로 도전하며 공개적이며 체계적인 시상 시스템으로 아이들을 칭찬하고 격려한다. 이러한 재미있는 게임과 체계적인 시상 시스템은 어린이들이 성경암송을 재미있고 능동적으로 할 수 있도록 하게 한다.

"자발적으로 교회에 오게 하고 그 안에서 성장할 수 있도록 하는 시스템이 바로 Awana의 매력입니다."

Awana에서는 전국 연합 이벤트를 진행하는데, 성경암송을 내용으로 하는 전국 규모의 성경퀴즈대회와 Awana 게임 중 선정된 10가지 공식종목으로 이루어진 전국규모의 올림픽(현재 Games 대회)을 진행한다. 또한 아이들에게 새로운 영적 도전과 세계를 향한 꿈을 심어주기 위해 방학 동안 캠프도 개최한다. 여름에는 국내 캠프장에서 영어 강사를 초청해 영어캠프를 열고, 겨울 방학 동안에는 한 달 동안 비전캠프를 미국 올랜도에서 진행한다. 특별히 비전 캠프 때는 20여명의 위클리프선교회 선교사들이 함께 참여하여 영어를 가르친다. 또한 기독교학교와 현지인 교회 방문, 테마파크 탐방 등 아이들의 시야를 넓혀주는 다양한 이벤트를 진행한다.

연령별에 맞춰서

Awana프로그램에는 커비단, 불티단, T&T이 있다.

먼저 커비단은 미취학 연령인 5-6세 어린이들을 대상으로 하는 2년 과정의 프로그램으로, 부모의 참여가 절대적으로 필요하다. 이 시기의 어린이들은 기본적으로 감각 의존적인 학습자이기 때문에 부모가 함께 해야 한다. 다시 말해 이 시기의 어린이들에게 성경의 진리를 가르치려면 어린이들이 배운 내용을 확인 또는 보충할 수 있는 감각 활동을 병행해야 한다. 이렇게 아이들은 보고 듣고 만지고 냄새 맡고 맛을 보는 다양한 감각 활동을 통해 그들이 배운 추상적인 개념 및 진리를 체득한다. 그래서 커비단은 다른 프로그램과 달리, 다음과 같이 구성되어 있다. 환영 시간 (Coming-in Time), 시작 시간, 이야기 시간(Starting Time & Story Time), 핸드북 시간 (Book Time), 게임 시간(Play Time), 귀가 시간(Going-home Time)이다.

불티단은 7세부터 초등학교 2학년까지의 3년 과정 프로그램이다. 불티단은 예수 그리스도를 구주로 영접하지 않은 소년 소녀들에게 복음을 접할 수 있는 기회를 제공하고, 그들을 하나님의 말씀으로 훈련한다. 성경의 기본 진리를 익힌 어린이들은 불티단에서 예수 그리스도를 그들의 구세주로 받아들여야 한다는 사실을 배우고 깨닫게 한다. 프로그램은 게임 시간, 핸드북 시간, 교제 시간으로 진행되고 각각 40분 동안 진행된다. 게임 시간을 통해서는 공동체 의식 배양을, 핸드북 시간에는 일대일 만남을 통한 복음 전파를, 교제 시간에는 말씀선포 등을 통한 구원초청으로 이루어진다.

T&T는 초등학교 3-6학년을 대상으로 하는 4년 과정의 프로그램으로 게임 시간, 핸드북 시간, 교제 시간으로 구분되어 있다. 게임 시간에는 어와나 게임 트랙에서 다양한 게임을 한다. 핸드북 시간에는 핸드북에 있는 성경 구절을 암송하고 단원(sections)을 완성하고 상을 받는다. 마지막 교제 시간에는 말씀, 광고, 찬양, 시상식 등을 한다.

모든 프로그램은 1년에 전반기(3-7월), 하반기(9-12월)로 40주 이상 모이고, 개인당 비용으로는 초기에 핸드복, 유니폼, 상품까지 포함해서 5-6만원 정도 든다. 다음해부터는 유니폼 가격을 빼고 3-4만원 정도 든다. 매주 1,000원 정도의 비용이 든다고 볼 수 있다.

성경암송을 기본으로

Awana에서는 성경암송을 꼭 시킨다.

"교회에서 아이들에게 성경암송을 시키지 않았습니다. 안하는 것이 기준이었고 성경암송을 하는 아이가 독특한 것이었습니다. 하지만 Awana를 하면 아이들의 기준이 바뀝니다. 성경암송을 하는 것이 당연한 기준이 됩니다. 그러면서 학업과 교회에서의 태도가 달라집니다. 미국 조지 바나 리서치센터에서 진행한 표본조사에 의하면 주일학교를 다녔던 어린이들이 20~40대로 성장한 후 교회에서 사역, 봉사, 예수 그리스도가 구원의 길이라고 믿느냐는 질문에서 '그렇다' 라는 대답이 그리 높지 않은 것으로 드러났습니다. 하지만 Awana 프로그램에 참석했던 어린이들은 믿음의 확신과 신앙생활의 역동성이 월등히 높은 것으로 조사되었습니다."

옆의 도표를 보면 확연한 차이를 볼 수 있다.

이 도표는 미국에서 조사된 연구 자료로 주일학교학생과 주일학교와 Awana로 훈련받은 학생들 사이의 모습을 도표로 비교한 자료다. 절대적인 자료는 아니지만 Awana를 통해 훈련받은 아이들이 어떻게 성장했고, 교회에서 어떤 영향을 미치고 있는지를 볼 수 있는 간단한 예라고 할 수 있다.

영적 믿음 상태

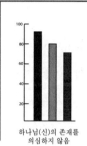
하나님(신)의 존재를
의심하지 않음

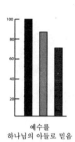
예수를
하나님의 아들로 믿음

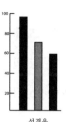
성경을
하나님의 말씀으로 믿음

신앙생활습관

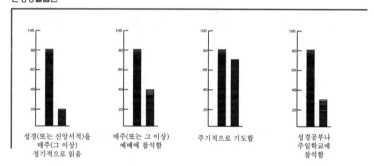

성경(또는 신앙서적)을
매주(그 이상)
정기적으로 읽음

매주(또는 그 이상)
예배에 참석함

주기적으로 기도함

성경공부나
주일학교에
참석함

신앙 봉사활동

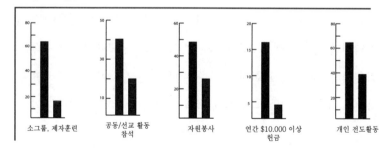

소그룹, 제자훈련

공동/선교 활동
참석

자원봉사

연간 $10,000 이상
헌금

개인 전도활동

9시간의 기본 교사교육

Awana 본부는 프로그램을 교회에 소개하고 각 교회 교사들을 훈련시켜 프로그램을 운영 할 수 있도록 도와주는 역할을 하고 있다. 만약 교회에서 Awana를 하기로 결정하면 교사교육은 9시간의 기본 교육을 한다.

"기본교육을 통해 교사들은 Awana의 기본 개념과 목적, 프로그램의 운영과 실제를 배우고 실습하게 됩니다. 이런 교육이 있은 후 지역 교회를 탐방하고, 지역 담당 선교사들의 지도하에 자체적인 연습으로 프로그램을 익히고 습득합니다. 뿐만 아니라 매년 봄 교사 컨퍼런스를 실시하여 새로운 프로그램을 소개하고, 다양한 선택강의로 교사 재교육을 실시하고 있습니다. 특별히 가을에는 전국 교사들이 1박 2일의 일정으로 함께 기도하고 성령 충만을 경험하는 영성 수련회를 진행합니다."

처음 Awana를 하는 교회는 직접 교회로 방문해서 교사교육을 진행한다. 기존에 하고 있는 교회에, 신입교사로 들어올 경우에는 각 지역의 상설된 곳에서 교사교육을 받으면 된다. 교육비는 한 사람에 만원이다. 하지만, 교회에 직접 올 경우에는 강사비를 제공하면 된다. 9시간을 2-3일에 나눠서 교회의 실정에 맞춰서 진행할 수 있다.

Awana를 하기에 가장 적절한 교사 비율은 교사가 학생 6명을 담당하는 것이다. 그래서 전체 진행하는 교사 2명, 담임교사 4명이 24명의 아이들을 지도하는 것이 좋다. 학생 수가 늘어나면 비율에 맞춰서 교사 수를 늘리면 된다.

더 많은 비전을 향해

앞으로 Awana는 더 많은 비전을 꿈꾸고 있다.

"Awana는 여러 가지 비전을 꿈꾸고 있는데, 먼저 아시아선교센터를 세우는 비전을 가지고 있습니다. 아시아 지역에는 어린이사역을 필요로 하는 곳이 많이 있습니다. 현재는 미국본부가 전 세계를 지원하며 동역하고 있는데 아시아는 한국이 맡아 지역을 세워나가는 센터를 이루길 소망하고 있습니다. 두 번째는 한국 교회의 10%를 Awana 프로그램으로 섬기길 소망하고 그것이 가능 하도록 사역하는 것입니다. 세 번째 비전은 북한선교를 물적으로 인력적으로 준비하는 것이고, 네 번째 비전은 전 세계에 흩어져 있는 한인들과 네트워킹하는 것입니다. 위클리프선교회를 통해 본 비디오 영상에서 우리나라의 이민사가 있었습니다. 하나님은 왜 우리를 짧은 기간의 아픈 역사를 통해 전 세계에 흩으셨을까? 영상에서는 그것은 이 시대에 한국 사람을 향한 뜻이 있음이 분명하다는 메시지를 전해주었습니다."

Awana가 꿈꾸는 비전을 통해 지속적으로 다음세대를 영적으로 성장하고· 도전할 수 있기를 기대한다. 자세한 문의는 031-711-6533 www.awanakorea.net과 으로 연락하면 된다.

부록

교회학교 성장을 위한
토요학교 세미나(자료집)

지난 2012년 11월 5일(월) 서울 동숭교회에서 교회학교 성장을 위한
토요학교 세미나를 했다.
세미나 중 허락을 받은 자료들을 부록으로 실었다.

1. 교회학교 성장을 위한 토요학교의 필요성과 Tip 10 – 배태훈 목사
2. '토요학교'를 통해 교회를 개척하고 부흥한 의정부교회 이야기 –
   안영남 목사
3. 삐뚜바로마음학교 – 김옥순 대표
4. 1m 스토리클래식 – 조숙현 부장

부록 1

교회학교 성장을 위한
토요학교의 필요성과 Tip 10

배태훈 목사(목회자신문사 취재부장)

1. 교회와 교회학교의 위기

한국교회는 언더우드와 아펜젤러 선교사의 시작으로 계속 성장세를 유지해 왔다. 특히 1907년 평양대부흥운동을 기점으로 폭발적인 성장을 이루었다. 일제의 압제와 한국전쟁으로 교회는 억압과 폐쇄를 거듭하며 힘겨운 시기를 보냈다. 그리고 1973년 한국을 방문한 빌리 그레이엄 목사의 전도집회와 1974년 한국대학생선교회(CCC)

가 주최한 '엑스폴로 74 전도대회' 등이 열렸고, 국가적으로 새마을 운동과 더불어 교회는 세우는 곳마다 지역의 중심지로 거듭났다. 이런 흐름은 1980년대에도 유지되었고, 1990년대 초반까지 대형교회들이 등장하면서 모든 면에서 성장세를 유지해 왔다.

하지만 1990년대 후반부터 교회는 사회로부터, 교인들로부터 시련을 당하기 시작했다. 특히 21세기에 진입하면서 한국교회는 심각한 위기에 있다. 젊은이를 비롯하여 3040들이 교회를 떠나고, 그로 인한 교회 재정의 어려움이 찾아왔다. 심지어 교회가 경매로 나오는 등 붕괴된 유럽교회의 모습이 급습했다. 실제로 기독교 국가라고 자부했던 유럽과 미국에서는 지난 20년 동안 수 천 개의 교회가 문을 닫았으며, 가장 강력한 기독교 국가라고 말하는 미국도 현재 추세로 나가면 2050년까지는 기독교인의 60%가 사라질 것이라는 충격적인 보고도 있다.

한국교회도 예외는 아니다. 네 집 걸러서 한 집은 그리스도인이라 할 만큼 기독교 인구가 25%일 때도 있었지만, 지금 기독교인은 계속 감소하고 있다. 결국 2011년 대한예수교장로회(통합)는 마이너스 성장을 이루게 되었다. 타종교 천주교는 눈에 두드러지게 증가하는 반면 교회는 점점 더 고립되어 가는 모습이다.

2014년 7월 21일 대한예수교장로회(통합)에서 발표한 자료에 따르면 교회학교가 얼마나 심각한 상태인지 잘 알려주고 있다. "전체

8,383개 교회(통합측) 중 중고등부가 없는 교회가 48%, 중등부가 없는 교회가 47%, 아동부 고학년(4-6) 부서가 없는 교회가 43%, 저학년(1-3) 부서가 없는 교회가 47%, 유치부가 없는 교회가 51%, 유아부가 없는 교회가 77.4%, 그리고 영아부가 없는 교회가 78.5%로 나타났다"고 발표했다. 교회의 구성원도 피라미드 형태의 균형 잡힌 교회보다 원통형 구조가 많고, 심지어 역삼각형 구조의 교회들도 생각보다 많다. 갈수록 교회에서 아이들을 찾아보기 힘들게 됐다. 이러한 위기를 초래한 원인이 무엇인지를 철저히 발견해 가며, 미래에도 역시 사회에 선한 영향력을 끼치는 교회가 되기 위한 대안을 찾아보아야 한다.

2. 토요학교의 필요성

마이너스 성장에 접어든 지금, 교회가 다시 성장하기 위한 대안을 찾는 노력들이 있다. 그 대안 중 교회학교에 토요학교는 지금 이 시대 꼭 필요한 대안이다.

교회학교의 대부분은 주일 오전에 1시간~1시간 30분 정도의 시간으로 예배와 공과, 활동 프로그램을 소화한다. 짧은 시간에 모든 것을 해야 하기 때문에 제대로 된 신앙교육이나 교제를 나누기가 어렵다. 학원과 여행 등으로 매 주일 예배에 참석하는 학생들도 계속 줄어들어 이런 교육도 제대로 이루어지지 않고 있다. 전체 재적의 50-60% 정도가 보통이고, 70-80% 정도면 출석률이 높은 편이다. 출석률이 90%가 넘는 교회는 드물다. 이러다 보니 어떻게 하면 교회학교의 출석률을 높이고, 제대로 된 신앙교육을 할 수 있는지 고민을 할 수밖에 없다. 그 고민의 대안이 토요학교다.

지난 2006년 교육과학기술부에서 주5일 수업제를 시행하기에 앞서 먼저 월 2회 주5일 수업제를 실시한다고 발표했다. 이때부터 사설학원에서는 발 빠르게 주5일 수업제에 맞춰 대책을 마련했다. 이와 발맞춰 교계에서도 주5일제에 따른 대책을 마련해야 한다는 주장이 여기저기서 나왔지만, 대책이 필요하다는 말뿐 구체적인 대책을 제시하는 곳이 그리 많지 않았다. 사설 학원은 주말반 프로그램을 신설했고, 이 때문에 교회학교를 오지 않는 아이들이 늘었다. 다음세대인 교회학교가 교회의 미래라고 말을 하지만, 정작 교회에서 교회학교에 대한 투자는 미흡하다. 그래서 사회보다 뒤떨어지고, 아이들에게 교회학교는 외면당하고 있다.

하지만 사회변화에 민감하게 반응하고, 지속적인 연구와 투자를 한 교회는 오히려 많은 아이들이 학원이 아닌 교회를 찾았고, 이와 더불어 교회학교가 부흥했다. 2006년부터 교회학교가 꾸준히 성장한 교회를 살펴보면 대부분 교회에서 '토요학교'를 개설해서 교회학교 학생뿐만 아니라 믿지 않는 아이들까지 교회에 올 수 있도록 했다. 이렇게 찾아온 아이들이 교회에 호감을 가지고 자연스럽게 교회학교까지 참여해서 토요학교를 통해 교회학교가 부흥했다.

교육과학기술부에서 2012년 주5일 수업제를 전면 실시하자 사설학원들은 주말반 프로그램을 대폭 늘리고, 대대적인 홍보를 했다. 토요일마다 어떻게 해야 할 지 모르는 많은 부모들은 아이들을 학원으로 보냈다. 지금 한국교회는 주5일 근무제와 주5일 수업제로 교회학교는 물론 장년의 주일성수까지 걱정하고 있는 실정이다. 그래서 뒤늦게 토요 프로그램을 준비하고 있는 교회가 많다. 이런 현상을 고려해서 '목회자신문사'에서는 2012년 7월부터 5개월에 걸쳐서 교육 특집으로 '다음세대를 위한 토요학교'를 연재했다. '다음세대를 위한 토요학교'에서 토요학교로 교회학교 성장과 함께 교회 성장을 이룬 교회, 의미 있는 토요학교 프로그램을 진행하는 교회를 8곳 소개했고, 교회에서 토요학교로 도입할 수 있는 프로그램도 8곳 소개했다. 그 해 11월에는 '우리교회에 딱 맞는 토요학교'라는 주제로 토요학교세미나도 개최했다.

3. 교회학교를 위한 Tip 10

토요학교를 준비하는 교회, 토요학교를 시작했지만 어떻게 해야 할 지 모르는 교회, 토요학교로 잘 정착하고 더 성장하기 원하는 교회 등 토요학교와 관련된 교회라면 모두에게 필요한 내용을 소개했다. 기획 특집으로 '다음세대를 위한 토요학교'를 정했다. 60여 곳의 교회와 토요학교 프로그램을 찾았다. 그 중에서 취재를 위해 토요학교로 교회학교 성장과 함께 교회 성장을 이룬 교회, 의미 있는 토요학교 프로그램을 진행하는 교회, 교회에서 토요학교로 도입할 수 있는 프로그램 16곳을 선정했다. 토요학교를 취재하면서 만났던 담임 목회자뿐만 아니라 토요학교 지도자들에게는 공통적으로 '통'하는 부분들이 있었다. 그 공통점을 10가지로 모아 '토요학교를 위한 10가지 TIP'으로 정리했다. 그 10가지를 소개하고자 한다.

1) 담임목사의 확고한 목회 철학이 필요하다

토요학교의 정체성이 필요하다. 교회에서 왜 토요학교를 하는지 그 목적을 바르게 세워야 한다. 교회학교의 성장을 위할 것인지 지역을 섬기는 장으로 삼을 것인지 정해야 한다. 주5일 수업제가 시작되면서 토요일에 대부분의 교회에서 토요학교를 한다고 아무런 생각 없이 토요학교를 한다면 제대로 토요학교를 운영할 수 없다. 그래서 토요학교를 시작하려고 한다면 왜 우리교회가 토요학교를 하려고 하는지 목표를 뚜렷하게 세워야 한다.

2) 문화학교 or 제자학교

토요학교의 목표가 세워졌다면 토요학교를 어떤 장으로 삼을 것인지 정해야 한다. 먼저, 전도의 통로로 토요학교를 하려고 하면 문화학교로 접근해야 한다. 그리고 기독교 색깔을 낼 것인지, 비기독교의 색깔을 낼 것인지 정해야 한다. 만약 신앙의 성숙을 위한 토요학교로 정했다면 제자학교로 접근해야 한다. 그리고 초신자를 위한 기초과정을 할 것인지, 기존의 학생을 대상으로 심화과정을 할 것인지 정해야 한다. 토요학교를 통해 전도와 신앙, 두 마리 토끼를 잡으려고 한다면 이 두 가지를 확실하게 구별해서 운영하는 것이 필요하다. 또한 제자학교를 수료한 학생들에 대해 문화학교의 혜택을 주는 것도 좋은 방법이다.

3) 전담 교역자와 평신도 사역자를 세워라

토요학교는 기존의 교회학교와 구조가 다르기 때문에 교회학교와는 다른 조직 구성을 해야 한다. 이와 함께 재정도 확실하게 독립되어야 한다. 하지만 토요학교가 교회학교와 연계를 해야 하기 때문에 토요학교의 최종 담당자와 교회학교의 최종 담당자가 동일한 것이 좋다. 교회학교와 토요학교는 경쟁이 아닌 협력 관계임을 확실하게 해야 한다.

4) 지역의 필요가 무엇인지 파악하라

교회에서 아무리 좋다는 평가가 있어도 지역에서 무엇을 필요로 하는지 제대로 파악하지 못하면 토요학교는 정착하지 못한다. 그래서 토요학교를 시작하기 전에는 지역에 무엇이 필요한지 사전조사를 하는 것이 중요하다. 먼저 교회 내에서 교회학교 학생, 교사, 학부모를 대상으로 설문조사를 하고, 지역에 있는 학생과 학부모들을 대상으로 설문조사를 하는 것이 필요하다. 설문조사를 통해 지역이 무엇을 원하고 있는지 파악해서 그에 맞는 프로그램을 준비해야 한다.

5) 충분한 준비 작업을 하라

사전조사를 통해 지역이 원하는 것을 알았다면 그 필요를 채우기 위해 어떤 것이 필요한지 준비과정을 거쳐야 한다. 성급하게 토요학교를 시작하면 제대로 운영을 할 수 없기 때문에 충분한 시간이 필요하다. 6개월 정도가 적당하다. 이 기간 동안 조직을 구성하고, 재정을 확보하고 토요학교에 어떤 프로그램들이 있는지 조사하는 것이 필요하다.

6) 차별성 있는 프로그램을 개발하라

프로그램의 사전 조사를 한 평가서와 함께 교회 지역에서 필요한 것을 가졌다면, 그 다음에는 교회 주변에서 토요학교 프로그램으로 어떤 프로그램을 하고 있는지 조사해야 한다. 문화센터, 학원, 학교 등에서 흔히 하는 프로그램을 하게 되면 차별성이 없기 때문에 정착하기 힘들다. 만약 주변에서 같은 프로그램을 하고 있지만, 지역 주민이 그 프로그램을 원한다면 색다르게 접근해서 할 수 있는 프로그램을 개발하는 것이 필요하다.

7) 교회가 감당할 수 있는 만큼만 하라

사전조사를 통해 여러 프로그램을 수집했다면, 교회가 할 수 있는 것에 집중해야 한다. 우리교회가 가장 잘 할 수 있는 것 하나만으로 출발해도 괜찮다. 오히려 처음 시작은 아주 작게 시작하는 것이 좋다. 그리고 학기를 거듭하면서 프로그램을 하나씩 늘리는 것도 좋다. 가장 잘 하는 것으로 토요학교의 기반을 세우는 것이 중요하다. 처음부터 욕심을 부려서 무리하게 많은 것들을 시작하려고 하면 안 된다. 교회가 감당할 수 있는 만큼만 하는 것이 필요하다.

8) 전문가를 투입하라

교회에서 하는 프로그램이라고 해서 봉사차원으로 비전문가를 세우면 안 된다. 교회 내에 교인을 세울 때에는 그 분야에 대해서 전문가를 세워야 하고, 일정한 강사비를 제공하는 것이 좋다. 내부에서 강사를 찾을 수 없다면 외부에서 강사를 초빙해도 된다. 이때 강사는 그리스도인을 채용해야 한다. 그리고 전문가를 통한 교육이기 때문에 교육을 받는 학생들에게도 일정한 비용을 받는 것이 좋다.

9) 끊임없는 투자를 하라

토요학교는 투자한 만큼 돌아온다. 그래서 지속적으로 토요학교에 투자를 해야 한다. 사회가 끊임없이 변하기 때문에 이에 맞춰 지역의 필요가 변화한다. 그래서 정기적으로 지역을 대상으로 조사를 해야 한다. 또한 토요학교를 지역사회에 계속 홍보를 해야 하고, 보다 좋은 프로그램을 위한 연구도 해야 한다. 이렇게 토요학교에 대한 투자를 한번에 그치지 않고 끊임없이 해야 한다.

10) 서두르지 말라

토요학교는 단기간에 효과를 볼 수 없다. 토요학교가 안정이 되기 위해서는 최소한 2~3년의 시간이 필요하다. 프로그램도 최소한 2년 정도 지나야 자리를 잡을 수 있다. 토요학교를 시작하고 효과가 없다고 그만 두면 안 된다. 기다리고 인내하면서 계속 관심을 가져야 한다.

'토요학교'를 통해
교회를 개척하고 부흥한
의정부교회 이야기

의정부교회 안영남 목사

1. 의정부교회에서의 교육의 위치

이 시대 가장 최고의 관심은 역시 교육이다. 교회 등록의 첫 번째 요소를 묻자 단연, 자녀들을 믿고 맡길 수 있는 교육을 갖추고 있는 교회인지를 고려한다고 답한 사람이 가장 많다고 한다. 교육이야말로 교회의 가장 중요한 사역이며, 경쟁력이라고 할 것이다. 의정부교회는 일회성의 이벤트에 치우치는 교회가 아니다. 개척초기부터 교육타깃(젊은 교육세대)을 분명히 하고 전략을 세우고 전도했고, 부흥한 교회이다. 이는 어른전도와 어린아이들을 전도하는 전도 방법 양자의 문제점을 보완한 매우 혁신적이고도 정확한 판단이었다.

1) 전도의 중심에 교회학교를 두다

어린이 전도에 관한 많은 기관들이 있다. 그러나 많은 교육기관들이 교회교육의 대안을 제시하지 못하고 있다. 교회마다 '다음세대'를 외치고 애쓰지만 이는 구조적인 한계 등으로 말미암아 적극적인 대안을 제시하지 못하고 있는 것이 사실이다. 의정부교회는 필요중심적인 교육이 무엇인가를 항상 고민하며 교육 컨텐츠를 개발한다. 지역사회의 필요는 무엇이며, 시대적인 필요는 무엇인가? 의정부교회는 불신자들이 필요로 하는 교육개발에 주력하고 적용한다.

어린이 전도는 가장 쉬운 것 같지만, 결코 쉬운 일이 아니다. 아이들은 아무리 복음을 전하고 약속을 해도 부모가 못가게 하면 나올수 없다. 그렇다고 어른 전도에만 치중하면 시간과 비용이 너무 손실이 크다. 따라서 의정부교회는 어른과 아이들을 함께 전도할 수 있는 아이콘으로 교육을 잡았던 것이다(예:수영교실, 캠프 등). 그리고 의도대로 엄마와 아이들은 함께 교회에 나오게 되었다.

의정부교회는 담임목사가 전혀 생소한 땅에 와 개척한 교회이다.

동료목사나 지역주민들도 아는 사람이 아무도 없는 가운데 개척했다. 그러나 교회학교의 중요성을 강조하듯 교회학교를 세우기 위해, 수원에서 2명의 아이들을 빌려왔다. 그리고 그것이 의정부교회의 교회학교의 시작이고 부흥의 원동력이 되었다.

미래가 있는 교회는 교육을 중심으로 교회를 디자인하고, 준비하는 교회이다. 우리교회의 수요예배와 금요예배의 1/3은 주일학교학생이다. 심지어 새벽예배에도 적극적으로 참여한다. 담임목사와 함께하는 심야 9시 전도에서조차 그들은 담임목사의 훌륭한 동역자이다. 우리 교회의 어린이들은 훌륭한 예배자이며, 충성된 일꾼이다.

2) 허브로서의 교회의 역할에 충실하다

공부를 가르치기보다는 아이들을 안전하게 맡길 수 있는 공간으로서의 교회의 역할을 분명히 했다. 아이들은 자연스럽게 와서 도서관에서 책을 읽고 숙제를 하고 뒹굴었으며 학원에 갈 준비를 했다. 교회는 약간의 간식을 제공했으며 약간의 학습코칭 숙제코칭 정도에만 국한했다.

그러나 곧 아이들은 40명을 넘어었고, 교회가 감당할 수 없는 상황에 이르렀다. 곧 교회는 성도 중 한 사람이 학원을 세웠고, 훌륭한 지역학원으로 성장하고 있다. 주일에는 영아부와 유치부 예배실로 활용하고 있다. 어린이들은 이 허브를 통해 자신들이 학원에서 학원으로 이동하는 텀을 잘 활용했고, 부모에게는 안심할 수 있도록 안정감을 주었으며, 그들 모두가 교회에 올 수 있는 훌륭한 장이 되었다.

3) 다양한 체험교육 장으로서의 교회의 역할에 충실하다

의정부교회는 학교가 해줄 수 없는 교육이 무엇인가를 고민하고, 그러한 부분을 연구하고 개발한다. 사실 불필요하게 학교와 지역의 학원과 충돌할 이유가 없는 것이다.

그 교육이 무엇일까? 의정부교회는 그래서 개척이래로 아무리 힘들고 어려워도 체험학습을 지속적으로 운영해 나갔다.

놀토(주5일 수업: 격주이긴 했지만)가 시작되었을 때 교회는 위기라고 했다. 하지만 놀토는 되려 교회의 훌륭한 기회다.

서구 사회에서 주5일 근무가 생활속에서 나타난 현상들을 보면 교회가 나가야 할 방향을 역력히 보여준다. 주5일 근무가 시작된 초기에 사람들은 가족들과 피크닉을 즐기기 위해서 떠나기 시작했다. 하지만 곧 이러한 사람들은 줄기 시작한다. 첫째는, 돈이 없어서 지속하지 못한다는 것이다. 둘째는, 피크닉을 자주 가다보니 흥미롭고 갈만한 곳이 없어졌다는 것이다. 셋째는 더 피곤해서 나가는 것을 싫어하게 되더라는 것이다.

의정부교회는 이러한 사회적 현상을 보면서 놀토로 다양한 체험학습을 저렴하게 체험할 수 있도록 했으며, 부모가 함께 가지 않아도 되는 프로그램을 디자인 했다. 체험의 소재는 무궁무진하다. 다만 교회의 재정에 따라 프로그램을 결정해야 하는 한계를 안고 있는 것이 현실적인 문제이다.

4) 교회사역의 중심에 교회교육을 두다

다른 교회들에서 찾아볼 수 없는 일들이 의정부교회에는 많이 있지만 그 중에 하나가, 교회교육이 가장 중심에 있다는 점이다.

의정부교회는 말만 앞서는 교회들의 슬로건과는 다르게 모든 사역의 중심에 교회학교가 있다. 교회학교의 행사는 교회의 행사 중 가장 중요한 행사이다.

예를 들면 벼룩시장은 어린이시장이지만 이 날을 위해서 모든 부서가 장을 열고, 함께 함을 통해 지역의 작은 축제로 자리매김하고 있다. 어른들은 수입을 챙기지 않고 되려 벼룩시장을 위해서 티켓을 팔아주고, 장을 열어 남긴 수익을 벼룩시장을 위해 헌신한다. 오직 교회의 모든 가족들이 후대를 위해 헌신하고 수고한다.

5) 개별 부서가 아니라 교회가 주도하는 교육을 실현하다(한국교회의 교육의 구조)

현실 속의 많은 교회들은 교회의 교육위원회나 교육 담당목사가 전체를 주도하는 구조로 되어 있거나, 아니면 교육부의 담당인 전도사들이나 목회자들에 의하여 움직이는 구조로 이루어져 있다. 그런데 교육의 현장에서 이 두 가지 모두 문제를 갖고 있는 것이 사실이다.

전자의 경우 교회가 주도하는 듯하나 담임목사의 목회철학이나 방향과는 동떨어진 혹은 담임목사의 목회 비전을 뒷받침 할 수 없는 경우가 많다. 혹은 뒷받침할 필요도 없거나 담임목사가 교육에 대하여 전혀 무관심하거나 무지한 경우가 많다. 이런 경우 어떻게 다음 세대를 책임질 수 있는 교육이 가능할 수 있겠는가? 또한 시대의 변화에 역동적으로 대체하지 못한다는 심각한 약점을 갖고 있다.

후자의 경우는 더욱더 심각하다. 부서를 담당하는 교역자들은 자기가 좋아하는 커리큘럼을 부서나 교사들에게 강조하는 경우가 많으며 학생들은 실험의 대상이 되는 경우가 태반이다. 또한 부서교역자의 잦은 교체로 커리큘럼의 연속성은 물론 반복 또한 심각한 상황에 처하게 된다.

따라서 의정부교회는 이 두 가지 한계를 극복할 구조로 교회가 모든 교육사역을 주도한다. 담임목사님의 앞선 연구와 방향제시, 또한 유동성 없는 교역자들의 헌신과 수고와 연구개발로 교역자회의에서 머리를 맞댄 결과물들로 교회의 교육사역을 이끌어 나간다. 이를 위해 교회는 물론 지속적으로 교역자들을 교육하고 있다.

6) 교회교육을 의정부교회의 브랜드화에 활용하다

교회도 브랜드화가 필요하다. 우리가 원하지 않아도 브랜드는 자의든 타의든 만들어지는 법이지만 말이다. 특별히 교회를 개척한 1년의 교회의 이미지는 대단히 중요한 이미지라 하겠다. 의정부교회는 교회 교육을 교회의 브랜드화의 중요한 가치로 두었다.

2. 지역을 정복하는 의정부교회사역

1) 지역사회의 학원을 장악하라

① 방과 후 학교에서 출발하는 학원의 설립

② 교회공간의 학습지 교사의 학습지도 공간으로의 개방

③ 문화센터의 운영

④ 유명강사들의 강의를 통한 브랜드화

2) 지역사회의 상권을 장악하라

① 커피전문점 등 성도 사업체 적극 활용

② 벼룩시장과 문화센터와의 협력

③ 나눔과 기쁨을 통한 사업체 협력

3. 의정부교회 교육의 두 영역

기독교교육의 대상은 '거듭난 하나님의 백성'이다. 그 말은 아직 거듭나지 않은 사람들은 아직 기독교교육의 대상이 될 수 없다는 의미이다. 의정부교회의 토요학교는 주일학교교육과 명확히 구분되는 선교적인 교육이라는 것이 특징이다. 토요학교를 구성할 때 가장 주의해야 할 점이 토요학교의 목적과 방향을 분명히 해야 한다는 것이다.

1) Sunday school
① 성경통독
② 제자훈련
③ 새벽기도훈련(6시, 특새 4회)
④ 예배훈련
⑤ 전도와 봉사의 훈련

2) Saturday school
선교적 접촉점이 되는 교육을 개발 실시한다.
① 성품교육
② 엄마와 아기가 함께 즐기는 영어

③ 원페이지 북

④ 도서관을 통한 독서 프로그램

⑤ 온 가족이 함께하는 우리집 오케스트라 만들기

⑥ 토요 돌봄센터(준비 중)

⑦ 놀토 체험학습

4. 의정부교회 교육의 특징

1) 통합교육
2) 경험교육
3) 선교적 교육
4) 교육목표의 추성성을 지양하고 인물로서의 목표모델 선정

① 2007년 축복을 위한 떠남 아브라함

② 2008년 이삭의 예배와 순종

③ 2009년 야곱의 열정

④ 2010년 요셉의 동행과 성실

특새:1/4분기-동행, 2/4분기-성실, 3/4분기-위기, 4/4분기-
반전

⑤ 2011년 하나님의 마음에 맞는 승승장구 다윗

특새:1/4분기-비법, 2/4분기-Are you ready?, 3/4분기-시,

4/4분기-영광

⑥ 2012년 신의 성품으로 민족을 구원한 지도자 모세

특새:1/4분기-최고중의 최고(손종국목사), 2/4분기-위대한 도전

5) 교육목표를 성취하기 위한 교육과정의 다양한 개발과 연구와 투자

6) 지역의 인프라를 활용한 교육

5. 의정부교회 교회교육의 특별 프로그램

1) 선교적 캠프

2007 여름 첫 캠프 - 아이스링크견학, 아프리카 문화원 견학

2007 동계 캠프 - 송암 천문대(하늘을 바라보라! 창15:5)

2008 여름 캠프 - 행복한 우리가족(숲속가족-광릉수목원, 바다가족- 갯벌체험, 우리가족-시장체험 및 부모님초청 음식대접)

동계 캠프 - 내일을 바라보며(서울대, 고려대, 연세대, 청와대 견학)

2009 여름캠프 – 세계를 품는 아이들(공항 체험, 아프리카 박물관 체험 등)

    동계캠프 – 별을 바라보며 요셉을 꿈꾸다(송암 천문대)

2010 여름캠프 – 직업 소명의식 갖기(키자니아 체험)

    동계캠프 – 이땅을 사랑한 사람들(외갓집 체험)

2011 여름캠프 – 라이프 코칭 예수 그리스도

    동계캠프 – 에버랜드에서 만나는 성품교육

2) 문화센터와 오케스트라

① 문화센터

② 오케스트라

3) 의정부교회의 부흥의 힘 놀토체험학습

① 놀이체험-케리비안베이, 에버랜드, 롯데월드, 서울랜드, 눈썰매장, 스케이트장, 헤이리, 오션월드

② 지역문화축제 체험-동장군축제, 안성바우덕이축제, 인천 세계도시축전, 여주도자기축제, 산천어축제

③ 문화예술공연-뮤지컬 라이언킹, 신의 아그네스, 호두까기인

형, 장한나&런던챔버오케스트라, 백설공주를 사랑한 일곱난
장이,

④ 전시회체험-국립중앙박물관, 잉카문명전시회, 아프리카문
화원

⑤ 역사문화탐방체험-남산한옥마을, 경복궁, 고석정, 창덕궁

⑥ 안보체험-비무장지대체험, 임진각, 땅굴체험

⑦ 자연체험-남산체험, 서울 숲, 광릉수목원, 백운계곡, 해여림
식물원, 북서울 꿈의 숲, 외갓집체험마을, 남양주지기마을

⑧ 명소체험- 서울N타워, 청와대, 서울대 연고대 견학, 국회의
사당, 헌정기념관, 63씨월드,

⑨ 경험학습체험-송암천문대, 우주과학놀이, 영어마을, 외국인
과 함께하는 역사여행, KBS, 기상청, 서대문역사박물관, 유
비쿼터스파크, 옥토끼우주센터, 내친구플라스틱, 남양주그
린학습원, 카자니아(직업체험), 수영장, 케이크만들기, 서울
과학관, 투니버스와 함께하는 "케릭터페스티발"

6. 토요학교를 준비할 때 주의 할 점(토요학교가 주일학교와 중복될 때)

1) Sunday school과의 중복 위험
성도들을 대상으로 할 때 대상과 프로그램의 중복 등의 문제로 인

해, 주일 교육의 약화를 초래할 수 있다. 불신자를 대상으로 할 수 있는 프로그램을 준비하여 지속적으로 운영이 가능하며 전도가 가능한 구조를 만들어야 한다.

2) 봉사자들의 부담

토요학교는 결국 교회사역에서도 가장 신실한 사람들이 배치되기 때문에 사역의 부담을 야기 할 수 밖에 없다. 가능한 다양하고 많은 인력을 활용하고, 가급적 최소의 연구비는 지불함이 효율적 운영이 가능하게 한다.

3) 학부모와 함께하는 교육의 부담

학부모들이 함께하는 토요학교는 단기간에는 결과가 있고 좋아 보이나, 장기적으로는 부담을 가질 수 밖에 없다. 함께하는 교육과 학생들만 할 수 있는 교육을 폭넓게 준비함이 좋다.

4) 교육컨텐츠의 부담

교회 안에서 모든 교육 컨텐츠를 개발하고 준비하는 것은 어려움이 많다. 이를 위해서 외부의 기관들과 컨텐츠들을 적극 활용함이 좋다. 기존의 학교와 교회에서 실시하지 못했던 다양한 컨텐츠의 개발과 적용은 교회교육을 풍성하게 하고 교회교육의 경쟁력을 확보할 수 있다.

5) 재정의 부담

정부와 시도의 다양한 지원을 활용하면 재정적 부담을 줄일 수 있으며, 다양한 정보의 수집은 효율적인 토요학교 운영을 가능하게 한다.

7. 의정부교회가 세워가는 토요학교의 방향과 대안교육

의정부교회의 토요학교는 단순히 전도 뿐 아니라, 전인격적인 건강한 그리스도인 인재양성을 목표로 하고 있다. 이는 개척당시부터 의정부교회가 추구한 목회의 방향이며, 교육의 철학이다. 의정부교회는 단순히 교회부흥을 위한 교육을 추구하고 있는 것이 아니다. 또한 부흥은 하지만 교육적 대안이 없는 무모한 교회도 아니다.

의정부교회의 교회교육의 모든 프로그램들은 '신지성인'(信知性人) 즉 첫째, 믿음안에 세워져가기를 원하며, 둘째, 지성있는 크리스천 인재 양성을 목적으로 하며, 셋째 성품의 인재를 목표로 한다. 이 셋을 갖춘 인재야 말로 미래 시대가 요구하는 진정한 인재이다.

의정부교회는 가정과 학교교육의 한계를 극복하기 위해서 새로운 대안교육의 유형을 실험하고 있다. 의정부교회는 대안학교의 유형을 세 유형으로 구별하고 있다. 첫째의 유형은 풀타임대안학교이다. 둘째의 유형은 방과후형 대안학교이다. 셋째는 주말형 대안교육이다. 의정부교회의 대안교육은 주말형 대안교육의 실험이다. 방과후형과 주말형은 기존의 교육의 틀을 존중하면서도, 기존 교육의 문제점을 성품과 학습법 등과 체험교육, 교회교육을 통합하여 교육함으로써 교육의 대안으로서의 교회의 위상을 확고히 해 가고자 한다.

밀물처럼 시작되는 토요학교와 놀토는 오래가지 못할 것으로 확신한다. 교회와 목회자는 토요학교와 놀토를 디자인함에 있어 체계적이고, 장기적인 대안을 준비하는 것이 바람직하다고 하겠다.

부록 3

삐뚜바로마음학교

삐뚜바로마음학교와 말씀성품학교!

빠르게 변하는 세상, 급속히 변질되어가는 가치관 속에서 교회가 다음세대를 세우기 위해 전념해야 할 것은 무엇일까요? 그것은 단 하나의 참 진리인 말씀을 가르치고 성경적 가치관을 갖도록 돕는 것입니다. 무너진 인성과 도덕적 가치관, 입시 위주의 교육 속에서 아이들의 마음과 정신은 병들어가고 있습니다. 이 문제는 현대를 살아가는 우리들의 미래를 망쳐버릴 수 있는 중요한 사항이지만 가정도, 학교도 이러한 문제를 바로 잡을 수 있는 대안을 제시하지 못하고 있습니다. 이것은 바로 교회가 할 일이며 교회만이 이 시대의 대안임을 알고 그에 맞는 책임을 져야 합니다.

성품을 알고 하나님을 사랑하기, 내 이웃을 사랑하기에 힘씁니다.

교회가 세상적인 프로그램을 흉내 내고 따라가는 것을 이제는 멈추어야 합니다. 이제는 우리의 모든 마음과 뜻과 성품을 다해 하나님을 사랑하는 구별된 다음세대들을 길러내야 할 책임이 교회에 있음을 기억해야 합니다. 삐뚜바로 마음학교의 말씀성품학교는 교회학교의 새로운 교육방향을 제시할 것입니다. 이를 통해 삐뚤어진 우리의 성품들이 거룩한 신의 성품에 참여할 수 있는 자로 바르게 변화할 수 있기를 기도해 봅니다.

말씀성품교육과정이란?

性(성격 성)자와 聖(거룩할 성)은 서로 의미가 다릅니다. 거룩함으로 구별되어야 하는 그리스도인의 삶은 세상에서 합의된 가치기준을 가르치고 훈련하는 성품교육이나 윤리교육과 달라야 합니다. 말씀성품교육과정은 인간의 기본적 윤리교육 뿐만 아니라 더 나아가 하나님의 성품과 성령으로부터 오는 열매까지를 그리스도인의 성품교육 영역으로 보고 모든 성품의 주제를 말씀을 통해 배우고 익히는 교육과정입니다.

성품(性品)교육과 성품(聖稟)교육의 차이

	성품(性品)교육	성품(聖稟)교육
목표	바람직한 인간성 함양	하나님의 형상 회복
관계	인간과의 관계 교육	하나님과의 관계 교육
훈련영역	지, 덕, 체의 조화로운 발달	영, 혼, 육의 조화로운 발달
가치의 기준	사회의 합의된 가치기준	성경말씀의 가치기준
교육방법	습관을 중요시 여기고 가르침과 훈련을 통해 습득	은혜를 중요시 여기고 성령님의 개입으로 점진적 성화

성품교육 2년 과정

년차	성품
2개월	경청
4개월	순종
6개월	사랑
8개월	감사
10개월	용기
12개월	인내
14개월	정직
16개월	배려
18개월	협동
20개월	나눔
22개월	용서
24개월	지혜

성품 주제 및 수업 진행 방법

한 성품당 8주 동안 진행되며 2개월 단위로 계속 진행시 2년 과정이고 분기별로 한 성품씩 적용해가면 3년의 프로그램이 됩니다. 유치부와 초등부까지 가능하며 교육시 삐뚜바로 마음학교 교재를 사용합니다.

성품교재

1) 12성품으로 구성

2) 섬김리더십+셀프 리더십, 각 성품 별 2권씩 총 24권

3) 생활 속 예화와 응용문제로 구성되어 쉬운 이해

4) 교재를 통해 가정에서의 연계. 부모교육이 이루어지도록 구성

5) 체계적인 소주제로 깊이 있는 수업이 이루어짐.

6) 적정연령: 7세-소년부

7) 예수님과 12마리 양을 캐릭터로 제작하여 우리 모두가 예수님의 제자임을 강조

가맹안내 및 문의 : http://cafe.naver.com/jubilee0330
031-567-2578 / 070-7780-6447

12가지 성품교육 교재

성품별 수업운영: 한 성품별 2개월간 훈련

1st(첫째달) 섬김 리더십

전 개		
1주차	성경속으로	성경 속에서 각 성품과 관련된 예화를 찾아 읽고 함께 생각하며 문제를 풀어봅니다.
2주차	가정에서	가정에서 일어날 수 있는 각종 예화를 통해 가족 간에 어떤 성품을 지녀야 하는지 알아봅니다.
3주차	사회에서	친구관계 속에서 일어날 수 있는 각종 예화를 통해 섬기는 리더에 대해 생각해 봅니다.
4주차	마음 나누기	각 성품별 위인이나 관련 단체, 시사적 사건 등을 소개하고 함께 생각하는 열린 문제를 풀어봅니다.

2st(둘째달) 셀프 리더십

전 개		
1주차	기본생활 습관	기본생활 습관 교육이 이루어지도록 생활 속에서의 리더의 모습에 대해 토론해 봅니다.
2주차	긍정적 자아개념	아직 미완숙된 성품으로 인해 상처받지 않도록 긍정적 자아개념을 높여주는 활동을 해 봅니다.
3주차	정서지능 키우기	타인의 정서를 이해하고 나의 감정을 조절, 표현할 수 있게 해주어 대인관계 기술을 높여줍니다.
4주차	주장성 행동훈련	자신의 생각과 느낌을 꾸밈없이 표현할 수 있는 자신감 있는 리더로서의 행동훈련 활동입니다

토요학교 수업 시간표

TIME TABLE	ACTIVITY		
10:00−10:10	Opening Circle		
10:10−10:20	Character Skit		
	Character Center	A	Love GOD
10:50−11:20		B	Love Me
11:20−11:50		C	Love You
11:50−12:20	Closing Worship		

TIME TABLE	ACTIVITY		
10:00−10:10	함께 모여 찬양하고 마음을 열며 기도하는 시간		
10:10−10:20	그 날의 주제 성경 이야기를 드라마로 감상하는 시간		
10:20−10:50	코너학습을 통해 토론과 사고하는 시간. 흥미로운 엑티비티의 성품수업이 진행	A	하나님의 성품을 심도있게 배우고 토론
10:50−11:20		B	내 삶에 적용하며 나를 돌아보는 수업
11:20−11:50		C	공동체 안에서의 관계 교육
11:50−12:20	오늘의 주제를 함께 나누며 마무리 예배시간		

　먼저 성경주제를 배우고 각 3개의 코너를 돌며 세 영역의 관계를 돌아보는 학습입니다. 배운 성경주제에 맞추어 Love GOD에서는 하나님과의 관계를, Love Me에서는 나 자신과의 관계를, Love You 에서는 타인과의 관계를 집어봅니다. 유아부터 청소년까지 동일한 방법이며 수업의 난이도만 다릅니다.

각 성품 별 8주 과정 소주제와 성경교육의 예

성품개념
성경이야기

1	**경청의 정의와 자세 익히기/ 하나님께 경청하기** ☞경청의 정의와 자세를 익히고 하나님의 음성에 경청해야 함을 안다.
	사무엘의 경청(사무엘상 3장) ☞하나님의 음성을 듣고자 한 사무엘의 경청모습을 안다.
2	**경청과 순종과의 관계** ☞순종하려면 잘 경청해야 함을 알고 경청하여 임무를 완수해 본다.
	방주를 만들라(창세기 5-10장) ☞하나님의 음성에 경청하였기에 하나님의 제시조건대로 순종하여 방주를 잘 완성했음을 이해한다.
3	**스승의 가르침에 경청하기** ☞선생님의 가르침과 충고에 잘 경청해야 함을 알고 경청과 학업의 관계를 이해한다.
	예수님과 12제자(누가복음 5, 6, 22, 24장) ☞예수님과 12제자의 모습을 통해 스승에게 순종하는제자의 태도와 모습을 이해한다.
4	**지도자의 덕목 경청** ☞리더는 다른 사람의 말을 귀 기울여 경청해줄 수 있어야 함을 이해한다.
	모세의 경청(출애굽기 18장) ☞장인 이드로의 충고를 잘 새겨들어 현명하게 지도자로서 업무수행을 잘 한 모세에 대해 알아본다.
5	**경청하는 생활습관** ☞생활 속에서 경청하는 습관을 들여야 하는 이유를 알고 실천해본다.
	예수님의 경청습관(누가복음 2장) ☞늘 조용히 따로 나아가 하나님께 기도하며 음성을 들은 예수님의 경청습관에 대해 알아본다.
6	**경청의 필수요소: 공감적 이해** ☞마음을 열고 공감적 이해가 선행되어야 진정한 경청임을 이해한다.
	사마리아 여인(요한복음 4장) ☞도움이 필요한 사람들의 목소리에 귀 기울여 그들의 아픈 마음을 공감해주신 예수님의 모습을 알아본다.
7	**경청과 말하는 태도** ☞나의 말을 잘 경청하게 하려면 나의 말하는 태도를 먼저 점검하고 바른 언어습관을 길러야 함을 이해한다.
	욥의 친구들(욥기 1-22장) ☞다른 사람의 마음을 아프게 하는 언어습관을 돌아보고 경청에 필요한 바른 언어습관의 이해를 돕는다.
8	**모의발언대: 다툼과 경청** ☞분쟁과 다툼이 있는 현장을 알아보고 경청이 주는 유익과 상대방의 의견을 듣는 태도를 기른다.
	고린도 교회의 다툼, 바울의 편지(고린도전서 1-13장) ☞경청과 화평과의 관계를 생각하고 경청이 주는 유익과 바른 자세에 대해 생각해본다.

토요학교 수업운영의 예

	SUBJECT	CHARACTER SKIT
1	경청은 하나님의 성품	사무엘의 경청
2	경청과 순종의 관계	노아의 방주
3	스승의 가르침과 경청 친구에게 경청	예수님과 12제자
4	지도자의 덕목 경청	모세의 경청
5	경청하는 생활습관	예수님의 경청
6	공감적 이해와 경청	사마리아 여인
7	경청과 말하는 태도	욥의 친구들
8	다툼과 경청	고린도전서를 통한 바울의 권면

■ **삐뚜바로마음학교 수업의 특징**

1) 철저히 말씀중심입니다.

2) 개념으로만 가르치는 것이 아니라 실제로 경험하는 수업입니다.

3) 소그룹으로 토론하며 사고력 향상을 돕습니다.

4) 수업을 운영하는 교사교육이 철저합니다.

5) 교실이 운영되는 동안 계속적인 부모교육을 지원하여 가정에서 연계될 수 있도록 지원합니다.

6) 각 교회 별 특성에 맞추어 아이들 교재를 맞춤으로 제공해 드립니다.

7) 수업에 필요한 물품과 자료들을 제공받을 수 있습니다.

부록 4

1m 스토리클래식

예술과 가까워지는 거리 1m

Story
Classic
스토리클래식

월 화 수 목 금 토 일

월화수목금 토!요일은 무엇을 하는게 좋을까요?

우리가 아는 유명한 그림 다빈치의 모나리자, 최후의 만찬, 빈센트 반고흐의 해바라기 등을 글로 배우고 미술교과서에서 조그만 그림으로 보고 외웠습니다. 음악은 어떤가요? 베토벤의 5번 운명 9번 합창 혹은 비발디의 4가지 계절 음악을 외우는데 바빴습니다.

베토벤의 운명교향곡이 몇 번인지 보다 중요한건 어떤 느낌일지 어떻게 만들어졌을까 하는 질문이나 느낌일 것입니다. 그런데도 음악이나 그림을 우리는 주로 글로 이론적으로 배워 왔습니다.

세대가 바뀌면서 교육에 대한 관심과 열의도 달라지고 있습니다. 예술교육 역시 마찬가지입니다. 예술교육은 그림을 잘그리고 악기를 잘연주 하는 것을 넘어서 예술작품에 담긴 의미를 알고 그것을 우리의 삶에 질을 높여주는데 큰 의미가 있습니다.

음악과 그림을 배우는데 가장 좋은 것은 어릴 때부터 많이 듣고 보는 것입니다. 그런데 막상 음악회장에 가면 클래식음악은 어렵게만 느껴집니다. 전시회장에 있는 많은 그림들은 잘 그렸다는 생각

외에 다 비슷비슷한 그림으로 보입니다. 그림에 들어있는 작가의 생각을 읽기에는 주변의 도움이 필요합니다.

토요일에 우리 아이들이 무엇을 하는게 좋을까요?

1m체험클래식은?

이런 체험적 예술교육을 위해 1m체험클래식에서는 2006년부터 클래식 음악의 문턱을 낮추고 멀리서 가까운 거리에서 연주를 듣고 직접 체험해 보는 다양한 어린이 청소년들을 위한 클래식 공연을 만들어왔습니다.

2010년부터는 그림과 음악에 담긴 내용을 함께 감상하고 공통점과 차이점을 상상하며 찾아보는 '그림읽어 주는 베토벤' '명화속 클래식' 등의 공연을 제작했으며 또한 이야기에 담긴 의미를 음악으로도 찾고 감상하는 스토리 클래식 프로그램을 통해 음악이 갖고 있는 청각적 예술의 장점을 시각적 문학적으로도 함께 소통할 수 있도록 만들어 왔습니다.

1m체험클래식은 토요예술 아카데미프로그램을 위해 집에서 가까운 교회 혹은 학교에서 쉽게 예술과 친해지도록 '스토리 클래식' 12편의 이야기를 만들었습니다.

'클래식과 명화와 가까워지는 거리가 1m입니다.'

1. 유초등학교 시절 가장 중요한 교육
   어린시절에 보고 듣고 체험한 예술작품은 중학생 고등학생이 되서도 자양분이 된다.

2. 예술교육은 체험이 중요
   그림과 음악 이야기 속에 숨은 비밀들을 스스로 체험하며 찾을 때 진정한 경험이 될 수 있다.

3. 학교와 학원에서 할 수 없는 전문 예술 교육기관이 많아져야 한다.
   집에서 가장 가까운 곳에서 참여할 수 있는 장소가 필요하다.

HISTORY

역사는 우리 모두의 삶의 이야기입니다.

기원전부터 다양하고 서로 다른 삶의 이야기들이 내려오는 것이 바로 역사가 된 것입니다.

그래서 그 이야기를 잘 귀 기울이면 많은 교훈을 얻을 수 있습니다. 음악의 역사도 미술의 역사도 마찬가지로 같이 만들어져 왔습니다. 그의 이야기(history)에 담긴 의미가 무엇일까요?

그 이야기는 많은 사람들을 통해 읽을 수 있습니다. 스토리클래식에 담긴 이야기와 음악과 미술의 이야기를 찾다보면 아이들에게도 삶의 교훈과 생각하는 의미를 찾을 수 있으리라 생각합니다.

교회토요아카데미를 위한 준비

1. 음악과 미술 등에 관심 있는 교사를 선발한다.

강사 교육을 통해 부족한 점은 채울 수 있으니 전공을 하지 않아도 아이들에게 좋은 연결고리가 될 수 있다는 믿음만 있으면 됩니다.

2. 교회 주변에 주일학교 아이들 외에 모든 아이들이 토요일 교회로 모일 수 있도록 홍보한다.

스토리 클래식은 이야기와 음악 미술이 함께 통합적으로 구성된 프로그램이다. 여러명의 아이들이 즐겁게 수업할 수 있는 교실과 따뜻한 분위기를 주도한다.

1) 1m스토리클래식의 장점

• 해외 명작동화 및 전래동화를 심도 있게 접근합니다.

• 이야기와 함께 클래식의 감동을 함께 할 수 있습니다.

• 베토벤,모차르트 등 음악가들의 명곡과 미술작품들을 서로 비교하며 감상합니다.

• 악기체험 및 예술적 창의력을 키워 줍니다.

2) 1m스토리클래식 구성

- 이야기 : 해외명작과 전래동화를 각색하여 눈높이에 맞게 구성
- 음 악 : 클래식명곡들을 아이들이 감상 할 수 있게 편곡하여 쉽게 받아들이게 구성
- 미 술 : 이야기와 클래식에 어울리는 작품을 골라 미술에 쉽게 접근 할 수 있도록 구성
- 활 동 : 다양한 예술중심의 창작활동을 위주로 구성
- 체   험 : 오케스트라에 나오는 악기들을 이야기당 하나씩 체험해 볼 수 있도록 구성(선택사항)

3) 1m스토리클래식 교육적 효과

스토리클래식은 4가지 영역의 효과를 볼 수 있습니다.

- 이해영역 : 이야기를 논리적으로 접근하고 구성하는 능력을 키워줍니다.
- 표현영역 : 자신의 생각이나 느낌을 언어나 음악활동을 통해 표출합니다.
- 창작영역 : 자발적 동기유발을 통해 자신만의 상상력을 키워줍니다.
- 감상영역 : 음악이나 미술작품을 보고, 듣고 느낌을 통해 정서 함향에 도움을 줍니다.

5) 1m스토리클래식 연간일정

월	주제	주제악기(선택)	음악가	미술가
1	브래맨음악대	바이올린	슈트라우tm	모네
2	피터와 늑대	오보에	프로코피예프스	칸딘스키
3	동물의 사육제	첼로	생상스	마티스
4	마술피리	플룻	모차르트	마네
5	플랜더스의 개	비올라	슈베르트	밀레
6	여우와 두루미	클라리넷	에릭사티	브뤼겔
7	오즈의 마법사	트럼펫	바흐	달리
8	알라딘의 요술램프	트럼본	림스키코르사코프	샤갈
9	왕자와 거지	호른	멘델스존	홀바인
10	양치기소년	튜바	베토벤	고흐
11	스크루지	콘트라베이스	하이든	뭉크
12	성냥팔이 소녀	바순	쇼팽	베르메르

6) 1m스토리클래식 4주 프로그램(교재마다 순서가 다를 수 있습니다)

1m스토리클래식은 주1회 교육이 진행됩니다.

	교육내용	주요활동
1주	이야기감상	명작의 이해
2주	음악가, 미술가 이야기	작품의 이해와 음악가 이야기
3주	창의적활동	이야기 구성, 예술 창의력활동
4주	주제악기 이해	악기체험or그룹활동

7) 1m스토리클래식 내용

1주차 – 이야기 감상

2주차 – 음악가, 미술가이야기

명화와 함께 하는 클래식

- 작곡가 : 요한 스트라우스1세

  라데츠키 행진곡

- 미술가 : 모네소개

  브레멘음악대에 숨겨진 모네의 작품 찾기

3주차 – 음악가, 미술가이야기 & 창의적활동

- 창의적활동 주제 : 협동심

4주차 – 그룹활동 및 악기체험 (*선택사항)

- 그룹활동
- 악기체험 : 첼로 체험

  본 프로그램은 악기연주자를 대동하여 직접 연주를 듣고 체험

  해 보는 것을 권장해 드립니다.

* 스토리클래식 강사양성과정

장소 : 1m클래식아트홀(대학로)   문의 : 02)743-5001